Der grenzüberschreitende Rechtsformwechsel in der Europäischen Uni

AF828333

Europäische Hochschulschriften

European University Studies
Publications Universitaires Européennes

Reihe II	**Rechtswissenschaft**
Series II	Law
Série II	Droit

Band/Volume **5537**

Sascha Stiegler

Der grenzüberschreitende Rechtsformwechsel in der Europäischen Union

PL ACADEMIC RESEARCH

Bibliografische Information der Deutschen Nationalbibliothek
Die Deutsche Nationalbibliothek verzeichnet diese Publikation in der Deutschen Nationalbibliografie; detaillierte bibliografische Daten sind im Internet über http://dnb.d-nb.de abrufbar.

ISSN 0531-7312
ISBN 978-3-631-64248-1 (Print)
E-ISBN 978-3-653-03810-1 (E-Book)
DOI 10.3726/978-3-653-03810-1

© Peter Lang GmbH
Internationaler Verlag der Wissenschaften
Frankfurt am Main 2013
Alle Rechte vorbehalten.
PL Academic Research ist ein Imprint der Peter Lang GmbH.
Peter Lang – Frankfurt am Main · Bern · Bruxelles · New York · Oxford · Warszawa · Wien

Das Werk einschließlich aller seiner Teile ist urheberrechtlich geschützt. Jede Verwertung außerhalb der engen Grenzen des Urheberrechtsgesetzes ist ohne Zustimmung des Verlages unzulässig und strafbar. Das gilt insbesondere für Vervielfältigungen, Übersetzungen, Mikroverfilmungen und die Einspeicherung und Verarbeitung in elektronischen Systemen.

Dieses Buch wurde vor Erscheinen peer reviewed.

www.peterlang.com

Vorwort

Seit mehreren Jahren ist innerhalb der Europäischen Union ein sog. Wettbewerb der Gesellschaftsrechte zu beobachten. Unternehmen haben vermehrt das Bedürfnis, die für sie optimale mitgliedstaatliche Rechtsform zu wählen. Hierbei erlangt die Zulässigkeit und Durchführung eines grenzüberschreitenden Rechtsformwechsels Bedeutung. Dieser ist seit der Vale-Entscheidung des EuGH aus dem Jahr 2012 wieder vermehrt in den Blickpunkt des Europäischen Gesellschaftsrechts gerückt. Der grenzüberschreitenden Rechtsformwechsel stellt dabei einen wesentlichen Baustein bei der Ausgestaltung der Niederlassungsfreiheit für Gesellschaften dar. Das wachsende Bedürfnis nach grenzüberschreitenden Umstrukturierungen mittels eines grenzüberschreitenden Rechtsformwechsels innerhalb der Europäischen Union zeigt die Relevanz und Aktualität des Themas.

In der vorliegenden Arbeit beschäftigt sich Herr Stiegler ausführlich mit der Zulässigkeit eines grenzüberschreitenden Rechtsformwechsels innerhalb Europas anhand der EuGH-Rechtsprechung zur Niederlassungsfreiheit. Hierbei wird aufgezeigt, unter welchen Voraussetzungen der Formwechsel aus einem Mitgliedstaat in einen anderen gestattet und von der Niederlassungsfreiheit erfasst ist. Darauf aufbauend beschreibt Herr Stiegler wie das deutsche Gesellschaftsrecht bereits de lege lata europarechtskonform ausgestaltet werden muss und kann um den primärrechtlichen Vorgaben bezüglich eines grenzüberschreitenden Rechtsformwechsels gerecht zu werden. Der Schwerpunkt der vorliegenden Arbeit liegt auf der Bestimmung des auf einen grenzüberschreitenden Rechtsformwechsel anwendbaren materiellen Rechts. Hierbei werden unter Zuhilfenahme anspruchsvoller methodischer Überlegungen die Vorschriften bestimmt, die auf einen grenzüberschreitenden Rechtsformwechsel Anwendung finden sollen.

Prof. Dr. Peter Krebs

Danken möchte ich zuerst Herrn Prof. Dr. Peter Krebs für die umfassende Betreuung und die wertvollen inhaltlichen Anregungen sowie Verbesserungsvorschläge. Auch meinen Kollegen am Lehrstuhl von Prof. Dr. Krebs in Siegen danke ich für deren Unterstützung.

Mein besonderer Dank gilt meiner Familie und meinen Freunden. Insbesondere meinen Eltern und Großeltern, die mich in jeder Lage meines Studiums umfassend unterstützt haben, danke ich von ganzem Herzen.

Freudenberg, August 2013

Sascha Stiegler

Inhaltsverzeichnis

Abkürzungsverzeichnis

a.A.	andere Ansicht
Abl.	Amtsblatt
Abs.	Absatz
AcP	Archiv für die civilistische Praxis
a.E.	am Ende
AEUV	Vertrag über die Arbeitsweise der Europäischen Union
a.F.	alte Fassung
AG	Aktiengesellschaft; Die Aktiengesellschaft
AktG	Aktiengesetz
Anh.	Anhang
Art.	Artikel
AT	Allgemeiner Teil
BAG	Bundesarbeitsgericht
BayObLG	Bayerisches Oberstes Landesgericht
BB	Betriebs-Berater
BeckOK	Beck´ scher Online-Kommentar
Begr.	Begründung
BGB	Bürgerliches Gesetzbuch
BGH	Bundesgerichtshof
BGHZ	Entscheidungen des Bundesgerichtshof in Zivilsachen
BMJ	Bundesministerium der Justiz
BR-Drucks.	Bundesrats-Drucksache
Bt.	Betéti társaság (ungarische Kommanditgesellschaft)
BT-Drucks.	Bundestags-Drucksache
BVerfG	Bundesverfassungsgericht
BVerfGE	Entscheidungen des Bundesverfassungsgerichts
bzgl.	bezüglich
bzw.	beziehungsweise
CISG	United Nations Convention on Contracts for the International Sale of Goods (UN-Kaufrecht)
CMLR	Common Market Law Review
DB	Der Betrieb
ders.	derselbe
d.h.	das heißt
dies.	dieselbe; dieselben

diesbzgl.	diesbezüglich
DK	Der Konzern
DNotZ	Deutsche Notar-Zeitschrift
DStR	Deutsches Steuerrecht
DZWiR	Deutsche Zeitschrift für Wirtschafts- und Insolvenzrecht
EAVA	European Added Value Assessment
EBLR	European Business Law Review
EC	European Community
ECFR	European Company and Financial Law Review
EG	Europäische Gemeinschaft
EGV	Vertrag zur Gründung der Europäischen Gemeinschaft
Einl.	Einleitung
endg.	endgültig
engl.	englisch
EU	Europäische Union
EuGH	Europäischer Gerichtshof
EuR	Europarecht
EUV	Vertrag über die Europäische Union
EuZW	Europäische Zeitschrift für Wirtschaftsrecht
EWG	Europäische Wirtschaftsgemeinschaft
EWIV	Europäische Wirtschaftliche Interessenvereinigung
EWIV-VO	Verordnung (EWG) Nr. 2137/85 des Rates vom 25. Juli 1985 über die Schaffung einer Europäischen wirtschaftlichen Interessenvereinigung (EWIV), ABl. L 199, S. 1 ff.
EWR	Europäischer Wirtschaftsraum
EWS	Europäisches Wirtschafts- und Steuerrecht
f.	folgende
FE	Fundatio Europaea (Europäische Stiftung)
FE-VO-E	Vorschlag der Europäischen Kommission für eine Ratsverordnung zum Statut einer Europäischen Stiftung (FE) vom 8.2.2012, KOM [2012], S. 35 endg.
ff.	fortfolgende
Fn.	Fußnote
franz.	französisch
FS	Festschrift
GA	Generalanwalt
gem.	gemäß
GesR	Gesellschaftsrecht
GmbH	Gesellschaft mit beschränkter Haftung

GmbHG	Gesetz betreffend die Gesellschaft mit beschränkter Haftung
GmbHR	GmbH-Rundschau
GPR	Zeitschrift für Gemeinschaftsprivatrecht
GRUR-RR	Gewerblicher Rechtsschutz und Urheberrecht Rechtsprechungs-Report
GS	Gedächnisschrift
GWR	Gesellschafts- und Wirtschaftsrecht
Hrsg.	Herausgeber
i.E.	im Ergebnis
IntGesR	Internationales Gesellschaftsrecht
IPR	Internationales Privatrecht
IPRax	Praxis des Internationalen Privat- und Verfahrensrechts
i.S.	im Sinne
i.S.d.	im Sinne des/der
IStR	Internationales Steuerrecht
i.V.m.	in Verbindung mit
JZ	Juristen Zeitung
Kft.	Korlátolt felelősségű társaság (ungarische GmbH)
KG	Kommanditgesellschaft
KK	Kölner Kommentar
krit.	kritisch
lit.	litera
LMK	Kommentierte BGH-Rechtsprechung Lindenmaier/Möhring
Ltd.	private company limited by shares
MJ	Maastricht Journal of European and Comparative Law
MoMiG	Gesetz zur Modernisierung des GmbH-Rechts und zur Bekämpfung von Missbräuchen, BGBl. 2008, Teil I, Nr. 48, S. 2026-2043.
MüHdb	Münchener Handbuch
MüKo	Münchener Kommentar
NJW	Neue Juristische Wochenschrift
Nr.	Nummer
NZG	Neue Zeitschrift für Gesellschaftsrecht
o.g.	oben genannte; oben genannten
OLG	Oberlandesgericht
PersonenG	Personengesellschaft
plc	public company limited by shares
RabelsZ	Rabels Zeitschrift für ausländisches und internationales Privatrecht

Ref-E	Referentenentwurf
RIW	Recht der internationalen Wirtschaft
RL	Richtlinie
Rn.	Randnummer
Rs.	Rechtssache
Rspr.	Rechtsprechung
S.	Seite; Satz
SA	société anonyme
SARL	société à responsabilité limitée
SCE	Societas Cooperativa Europaea (Europäische Genossenschaft)
SCE-VO	Verordnung (EG) Nr. 1435/2003 des Rates vom 22. Juli 2003 über das Statut der Europäischen Genossenschaft, Abl. EG L 207, S. 1 ff.
SE	Societas Europaea (Europäische Aktiengesellschaft)
SEAG	SE-Ausführungsgesetz
SE-VO	Verordnung (EG) Nr. 2157/2001 des Rates vom 8. Oktober 2001 über das Statut der Europäischen Gesellschaft (SE), Abl. EG L 294, S. 1 ff.
Slg.	Sammlung der Rechtsprechung des Europäischen Gerichtshofs
sog.	so genannte
span.	spanisch
SPE	Societas Privata Europaea (Europäische Privatgesellschaft)
SPE-VO-E	Vorschlag der Europäischen Kommission für eine Verordnung des Rates über das Statut der Europäischen Privatgesellschaft, KOM(2008), S. 396 endg.
str.	streitig
StuW	Steuern und Wirtschaft
Syst. Darst.	Systematische Darstellung
TFEU	Treaty on the functioning of the European Union (AEUV)
u.a.	und andere
UG	Unternehmergesellschaft
UmwG	Umwandlungsgesetz
Urt.	Urteil
v.	von; vom
verb.	verbundene
VersR	Zeitschrift für Versicherungsrecht, Haftungs- und Schadensrecht
vgl.	vergleiche
VO	Verordnung

WM	Wertpapier-Mitteilungen
z.B.	zum Beispiel
ZEuP	Zeitschrift für Europäisches Privatrecht
ZEuS	Zeitschrift für europarechtliche Studien
ZGR	Zeitschrift für Unternehmens- und Gesellschaftsrecht
ZHR	Zeitschrift für das gesamte Handels- und Wirtschaftsrecht
ZIP	Zeitschrift für Wirtschaftsrecht und Insolvenzpraxis
z.T.	zum Teil

Literaturverzeichnis

Ahmling, Rebecca
Analogiebildung durch den EuGH im Europäischen Privatrecht
Berlin 2012
(zitiert: *Ahmling*, S.)

Andenas, Mads/Wooldridge, Frank
European Comparative Company Law
Cambridge 2009
(zitiert: *Andenas/Wooldridge*, S.)

Baumbach/Hueck
GmbHG-Kommentar
20. Auflage, München 2013
(zitiert: *Bearbeiter* in: Baumbach/Hueck, § Rn.)

Bayer, Walter/Schmidt, Jessica
Schutz der grenzüberschreitenden Verschmelzung durch die Niederlassungsfreiheit
Zeitschrift für Wirtschaftsrecht und Insolvenzpraxis 2006, 210-213
(zitiert: *Bayer/Schmidt* ZIP 2006, 210, S.)

Dies.
Grenzüberschreitende Sitzverlegung und grenzüberschreitenden Restrukturierungen nach MoMiG, Cartesio und Trabrennbahn
Zeitschrift für das gesamte Handels- und Wirtschaftsrecht 173 (2009), 735-774
(zitiert: *Bayer/Schmidt* ZHR 173 (2009), 735, S.)

Dies.
BB-Gesetzgebungs- und Rechtsprechungsreport Europäisches Unternehmensrecht 2010/2011
Betriebs-Berater 2012, 3-14
(zitiert: *Bayer/Schmidt* BB 2012, 3, S.)

Dies.
Das Vale-Urteil des EuGH: Die endgültige Bestätigung der Niederlassungsfreiheit als „Formwechselfreiheit"
Zeitschrift für Wirtschaftsrecht und Insolvenzpraxis 2012, 1481-1492
(zitiert: *Bayer/Schmidt* ZIP 2012, 1481, S.)

Dies.
BB-Gesetzgebungs- und Rechtsprechungsreport Europäisches Unternehmensrecht 2012
Betriebs-Berater 2013, 3-15
(zitiert: *Bayer/Schmidt* BB 2013, 3, S.)

Beck´scher Online-Kommentar GmbHG
14. Edition, München 2013
(zitiert: *Bearbeiter* in: BeckOK GmbHR, § Rn.)

Beck´sches Handbuch der Personengesellschaften
3. Auflage, München 2009
(zitiert: *Bearbeiter* in: Hdb PersonenG, § Rn.)

Behme, Caspar
Der grenzüberschreitende Formwechsel von Gesellschaften nach Cartesio und Vale
Neue Zeitschrift für Gesellschaftsrecht 2012, 936-939
(zitiert: *Behme* NZG 2012, 936, S.)

Behrens, Peter
Die Umstrukturierung von Unternehmen durch Sitzverlegung oder Fusion über die Grenze im Lichte der Niederlassungsfreiheit im Europäischen Binnenmarkt
Zeitschrift für Unternehmens- und Gesellschaftsrecht 1994, 1-25
(zitiert: *Behrens* ZGR 1991, 1, S.)

Ders.
Gemeinschaftsrecht und juristische Methodenlehre
Europäische Zeitschrift für Wirtschaftsrecht 1994, 289
(zitiert: *Behrens* EuZW 1994, 289)

Ders.
Grenzüberschreitende Sitzverlegung eines Idealvereins in der EG
Zeitschrift für Europäisches Privatrecht 2007, 324-341
(zitiert: *Behrens* ZEuP 2007, 324, S.)

Ders.
Die grenzüberschreitende Mobilität der Gesellschaften im neunen Aktionsplan der Kommission
Europäische Zeitschrift für Wirtschaftsrecht 2013, 121-123
(zitiert: *Behrens* EuZW 2013, 121, S.)

Bergmann, Nina
Niederlassungsfreiheit: Wegzug und Zuzug von Gesellschaften in der EU
Zeitschrift für europarechtliche Studien 2012, 233-257
(zitiert: *Bergmann* ZEuS 2012, 233, S.)

Bismarck, Wiebke von
Grenzüberschreitende Sitzverlegung von Kapitalgesellschaften in Europa
Frankfurt a.M. 2005
(zitiert: *v. Bismarck*, S.)

Bollacher, Philipp
Referentenentwurf zur Regelung des Internationalen Gesellschaftsrechts
Recht der Internationalen Wirtschaft 2008, 200-201
(zitiert: *Bollacher* RIW 2008, 181, S.)

Ders.
Anmerkung zum EuGH-Urteil in der Rs. VALE (RIW 2012, 712)
Recht der Internationalen Wirtschaft 2012, 717-718
(zitiert: *Bollacher*, RIW 2012, 717, S.)

Böttcher, Leif/Kraft, Julia
Grenzüberschreitender Formwechsel und tatsächliche Sitzverlegung – Die Entscheidung VALE des EuGH
Neue Juristische Wochenschrift 2012, 2701-2704
(zitiert: *Böttcher/Kraft* NJW 2012, 2701, S.)

Braun, Dominik
Der grenzüberschreitende Rechtsformwechsel von Gesellschaften im Lichte des Konzepts und der Dogmatik der Niederlassungsfreiheit
Deutsche Zeitschrift für Wirtschafts- und Insolvenzrecht 2012, 411-415
(zitiert: *Braun* DZWiR 2012, 411, S.)

Bungert, Hartwin/Schneider, Christof Alexander
Grenzüberschreitende Verschmelzung unter Beteiligung von Personengesellschaften
In: Gedächnisschrift für Michael Gruson, S. 37-52
Berlin/Boston 2009
(zitiert: *Bungert/Schneider* in: GS Gruson, 37, S.)

Busekist, Konstantin Philipp
„Umwandlung“ einer GmbH in eine im Inland ansässige EU-Kapitalgesellschaft am Beispiel der englischen Ltd. Möglichkeiten und Gestaltungen in gesellschafts- und steuerrechtlicher Sicht
GmbH-Rundschau 2004, 650-659
(zitiert: *Busekist* GmbHR 2004, 650, S.)

Bydlinski, Franz
Juristische Methodenlehre und Rechtsbegriff
2. Auflage, Wien/New York 1991
(zitiert: *Bydlinski*, S.)

Calliess, Christian/Ruffert, Matthias (Hrsg.)
EUV/AEUV
4. Auflage, München 2011
(zitiert: *Bearbeiter* in: Calliess/Ruffert, Art. Rn.)

Canaris, Claus-Wilhelm
Die Feststellung von Lücken im Gesetz
2. Auflage, Berlin 1983
(zitiert: *Canaris*, S.)

Casper, Matthias
Der Lückenschluss im Statut der Europäischen Aktiengesellschaft
In: Festschrift für Peter Ulmer zum 70. Geburtstag, S. 51-72
Berlin 2003
(zitiert: *Casper* in: FS Ulmer, S. 51, S.)

Casper, Matthias/Weller, Marc-Philippe
Mobilität und grenzüberschreitende Umstrukturierung der SE
Neue Zeitschrift für Gesellschaftsrecht 2009, 681-686
(zitiert: *Casper/Weller* NZG 2009, 681, S.)

Clausnitzer, Jochen
Die Novelle des Internationalen Gesellschaftsrechts
Neue Zeitschrift für Gesellschaftsrecht 2008, 321-326
(zitiert: *Clausnitzer* NZG 2008, 321, S.)

Däubler, Wolfgang/Heuschmid, Johannes
Cartesio und MoMiG – Sitzverlagerung ins Ausland und Unternehmensmitbestimmung
Neue Zeitschrift für Gesellschaftsrecht 2009, 493-496
(zitiert: *Däubler/Heuschmid* NZG 2009, 493, S.)

Dauses, Manfred A. (Hrsg.)
Handbuch des EU-Wirtschaftsrechts, Band 1
31. Ergänzungslieferung, München 2012
(zitiert: *Bearbeiter* in: Dauses, Kapitel Rn.)

Decher, Christian E.
Grenzüberschreitende Umstrukturierungen jenseits von SE und Verschmelzungsrichtlinie
Der Konzern 2006, 805-811
(zitiert: *Decher*, DK 2006, 805, S.)

Dorr, Robert/Stukenborg, Gabriela
„Going to the Chapel“: Grenzüberschreitende Ehen im Gesellschaftsrecht – Die ersten transnationalen Verschmelzungen nach dem UmwG
Der Betrieb 2003, 647-653
(zitiert: *Dorr/Stukenborg* DB 2003, 647, S.)

Drygala, Tim
Europäische Niederlassungsfreiheit vor der Rolle rückwärts?
Europäische Zeitschrift für Wirtschaftsrecht 2013, 569-574
(zitiert: *Drygala* EuZW 2013, 569, S.)

Ege, Reinhard/Klett, Sabine
Praxisfragen der grenzüberschreitenden Mobilität von Gesellschaften
Deutsches Steuerrecht 2012, 2442-2450
(zitiert: *Ege/Klett* DStR 2012, 2442, S.)

Eidenmüller, Horst
Wettbewerb der Gesellschaftsrecht in Europa
Zeitschrift für Wirtschaftsrecht und Insolvenzpraxis 2002, 2233-2245
(zitiert: *Eidenmüller* ZIP 2002, 2233, S.)

Ders.
Mobilität und Restrukturierung von Unternehmen im Binnenmarkt
Juristen Zeitung 2004, 24-34
(zitiert: *Eidenmüller* JZ 2004, 24, S.)

Ders. (Hrsg.)
Ausländische Kapitalgesellschaften im deutschen Recht
München 2004
(zitiert: *Bearbeiter* in: Eidenmüller, § Rn.)

Eidenmüller, Horst/Rehm, Gebhard
Niederlassungsfreiheit versus Schutz des inländischen Rechtsverkehrs: Konturen des Europäischen Internationalen Gesellschaftsrechts
Zeitschrift für Unternehmens- und Gesellschaftsrecht 2004, 159-188
(zitiert: *Eidenmüller/Rehm* ZGR 2004, 159, S.)

Erk, Nadja Kubat
The Cross-Border Transfer of Seat in European Company Law: A Deliberation about the Status Quo and the Fate of the Real Seat Doctrine
European Business Law Review 2010, 413-450
(zitiert: *Erk*, EBLR 2010, 413, S.)

Franzen, Martin
Privatrechtsangleichung durch die Europäische Gemeinschaft
Berlin 1999
(zitiert: *Franzen*, S.)

Fleckner, Andreas M.
Europäisches Gesellschaftsrecht
In: Festschrift für Klaus J. Hopt zum 70. Geburtstag, S. 659-687
Berlin/Ney York 2010
(zitiert: *Fleckner* in: FS Hopt, 659, S.)

Franz, Alexander
Internationales Gesellschaftsrecht und deutsche Kapitalgesellschaften im In- und Ausland
Betriebs-Berater 2009, 1250-1259
(zitiert: *Franz* BB 2009, 1250, S.)

Frenzel, Ralf
Regionalgericht Szeged versus OLG München: Verstößt die Ablehnung der Eintragung einer grenzüberschreitenden Sitzverlegung gegen die Niederlassungsfreiheit?
Europäisches Wirtschafts- und Steuerrecht 2008, 130-135
(zitiert: *Frenzel* EWS 2008, 130, S.)

Frobenius, Tilmann
„Cartesio“: Partielle Wegzugsfreiheit für Gesellschaften in Europa
Deutsches Steurrecht 2009, 487-492
(zitiert: *Frobenius* DStR 2009, 487, S.)

Gebauer, Martin/Wiedmann, Thomas (Hrsg.)
Zivilrecht unter europäischem Einfluss
2. Auflage, Stuttgart 2010
(zitiert: *Bearbeiter* in: Gebauer/Wiedmann, Kapitel Rn.)

Geyrhalter, Volker/Weber, Thomas
Transnationale Verschmelzungen – im Spannungsfeld zwischen SEVIC Systems und der Verschmelzungsrichtlinie
Deutsches Steuerrecht 2006, 146-151
(zitiert: *Geyrhalter/Weber* DStR 2006, 146, S.)

Gotzen, Paul
Niederländisches Handels- und Wirtschaftsrecht
2. Auflage, Heidelberg 2000
(zitiert: *Gotzen*, S. Rn.)

Grohmann, Uwe
Grenzüberschreitende Mobilität von Gesellschaften nach der Rechtsprechung des EuGH – von Daily Mail bis Cartesio
Deutsche Zeitschrift für Wirtschafts- und Insolvenzrecht 2009, 322-329
(zitiert: *Grohmann* DZWiR 2009, 322, S.)

Grohmann, Uwe/Gruschinske, Nancy
Die identitätswahrende grenzüberschreitende Satzungssitzverlegung in Europa – Schein oder Realität?
GmbH-Rundschau 2008, 27-31
(zitiert: *Grohmann/Gruschinske* GmbHR 2008, 27, S.)

Groß, Wolfgang
Komponenten und Lücken bei der Gesellschaftsrechtsharmonisierung aus Sicht der Praxis
In: Systembildung und Systemlücken in Kerngebieten des Europäischen Privatrechts, S. 189-206
Tübingen 2010
(zitiert: *Groß* in: Systembildung und Systemlücken, 189, S.)

Grundmann, Stefan
Das Thema Systembildung im Europäischen Privatrecht – Gesellschafts-, Arbeits- und Schuldvertragsrecht
In: Systembildung und Systemlücken in Kerngebieten des Europäischen Privatrechts, S. 1-52
Tübingen 2000
(zitiert: *Grundmann* in: Systembildung und Systemlücken, 1, S.)

Ders.
Europäisches Gesellschaftsrecht
2. Auflage, Heidelberg 2011
(zitiert: *Grundmann*, Rn.)

Habersack, Mathias/Drinhausen, Florian (Hrsg.)
SE-Recht und grenzüberschreitende Verschmelzung
München 2013
(zitiert: *Bearbeiter* in: Habersack/Drinhausen, Art./§ Rn.)

Habersack, Mathias/Verse, Dirk
Europäisches Gesellschaftsrecht
4. Auflage, München 2011
(zitiert: *Habersack/Verse*, § Rn.)

Hager, Günter
Rechtsmethoden in Europa
Tübingen 2009
(zitiert: *Hager*, S. Rn.)

Heckschen, Heribert
Die Reform des Umwandlungsrechts
Deutsche Notar-Zeitschrift 2007, 444-465
(zitiert: *Heckschen* DNotZ 2007, 444, S.)

Henninger, Thomas
Europäisches Privatrecht und Methode
Tübingen 2009
(zitiert: *Henninger*, S.)

Hennrichs, Joachim/Pöschke, Moritz/von der Laage, Gudrun/Klavina, Zane
Die Niederlassungsfreiheit von Gesellschaften in Europa. Eine Analyse der Rechtsprechung des EuGH und ein Plädoyer für eine Neuorientierung
Wertpapier-Mitteilungen 2009, 2009-2016
(zitiert: *Hennrichs u.a.* WM 2009, 2009, S.)

Henssler, Martin/Strohn, Lutz (Hrsg.)
Gesellschaftsrecht
München 2011
(zitiert: *Bearbeiter* in: Henssler/Strohn, § Rn.)

Herrler, Sebastian
Ermöglichung grenzüberschreitender Verschmelzungen von Kapitalgesellschaften durch Änderung des Umwandlungsgesetzes
Europäische Zeitschrift für Wirtschaftsrecht 2007, 295-300
(zitiert: *Herrler* EuZW 2007, 295, S.)

Ders.
Gewährleistung des Wegzugs von Gesellschaften durch Art. 43, 48 EGV nur in Form der Herausumwandlung – Anmerkungen zum Urteil des EuGH v. 16.12.2008 - Rs. C-210/06 (Cartesio)
Deutsche Notar-Zeitschrift 2009, 484-492
(zitiert: *Herrler* DNotZ 2009, 484, S.)

Hirte, Heribert/Bücker, Thomas (Hrsg.)
Grenzüberschreitende Gesellschaften
2. Auflage, Köln u.a. 2006
(zitiert: *Bearbeiter* in: Hirte/Bücker, § Rn.)

Hölters, Wolfgang (Hrsg.)
Aktiengesetz
München 2011
(zitiert: *Bearbeiter* in: Hölters, § Rn.)

Höpfner, Clemens
Die systemkonforme Auslegung
Tübingen 2008
(zitiert: *Höpfner*, S.)

Höpfner, Clemens/Rüthers, Bernd
Grundlagen einer europäischen Methodenlehre
Archiv für die civilistische Praxis 209 (2009), 1-36
(zitiert: *Höpfner/Rüthers* AcP 209 (2009), 1, S.)

Hopt, Klaus J.
Europäisches Gesellschaftsrecht im Lichte des Aktionsplans der Europäischen Kommission vom Dezember 2012
Europäische Zeitschrift für Wirtschaftsrecht 2013, 165-215
(zitiert: *Hopt* EuZW 2013, 165, S.)

Ders.
Der Aktionsplan Europäisches Gesellschaftsrecht und Corporate Governance vom Dezember 2012: Die Kunst des Möglichen
Europäische Zeitschrift für Wirtschaftsrecht 2013, 481-483
(zitiert: *Hopt* EuZW 2013, 481, S.)

Horn, Norbert
Die Europa-AG im Kontext des deutschen und europäischen Gesellschaftsrechts
Der Betrieb 2005, 147-153
(zitiert: *Horn* DB 147, S.)

Hüffer, Uwe
Aktiengesetz
10. Auflage, München 2012
(zitiert: *Hüffer*, § Rn.)

Hußlein, Stefanie
Der grenzüberschreitende Rechtsformwechsel im Europäischen Wirtschaftsraum
München 2010
(zitiert: *Hußlein*, S.)

Jaensch, Michael
Der grenzüberschreitende Formwechsel vor dem Hintergrund der Rechtsprechung des EuGH
Europäisches Wirtschafts- und Steuerrecht 2007, 97-106
(zitiert: *Jaensch* EWS 2007, 97, S.)

Ders.
Der grenzüberschreitende Formwechsel: Das EuGH-Urteil VALE
Europäisches Wirtschafts- und Steuerrecht 2012, 353-359
(zitiert: *Jaensch* EWS 2012, 353, S.)

Jung, Peter
Die Niederlassungsfreiheit von Schweizer Gesellschaften bei Sitzwahl und Sitzverlegung im Europäischen Wirtschaftsraum
Europäische Zeitschrift für Wirtschaftsrecht 2012, 863-867
(zitiert: *P. Jung* EuZW 2012, 863, S.)

Jung, Stefanie
Die Kapitalverfassung der Societas Privata Europaea (SPE)
Manuskript (Stand: Oktober 2012)
(zitiert: *S. Jung*, S.)

Kallmeyer, Harald (Hrsg.)
Umwandlungsgesetz
5. Auflage, Köln 2013
(zitiert: *Bearbeiter* in: Kallmeyer, § Rn.)

Keßler, Jürgen/Kühnberger, Manfred (Hrsg.)
Umwandlungsrecht
Stuttgart 2009
(zitiert: *Bearbeiter* in: Keßler/Kühnberger, § Rn.)

Kieninger, Eva-Maria
The Law Applicable to Corporations in the EC
Rabels Zeitschrift für ausländisches und internationales Privatrecht 73 (2009), 607-628
(zitiert: *Kieninger* RabelsZ 73 (2009), 607, S.)

Kindler, Peter
Italienisches Handels- und Wirtschaftsrecht
Heidelberg 2002
(zitiert: *Kindler*, Italienisches Handels- und WirtschaftsR, S. Rn.)

Ders.
Der Wegzug von Gesellschaften in Europa
Der Konzern 2006, 811-821
(zitiert: *Kindler* DK 2006, 811, S.)

Ders.
Ende der Diskussion über die so genannte Wegzugsfreiheit
Neue Zeitschrift für Gesellschaftsrecht 2009, 130-132
(zitiert: *Kindler* NZG 2009, 130, S.)

Ders.
Internationales Gesellschaftsrecht 2009: MoMiG, Trabrennbahn, Cartesio und die Folgen
Praxis des Internationalen Privat- und Verfahrensrechts 2009, 189-202
(zitiert: *Kindler* IPRax 2009, 189, S.)

Ders.
Der reale Niederlassungsbegriff nach dem VALE-Urteil des EuGH
Europäische Zeitschrift für Wirtschaftsrecht 2012, 888-893
(zitiert: *Kindler* EuZW 2012, 888, S.)

Koch, Jens
Freie Sitzwahl für Personenhandelsgesellschaften
Zeitschrift für das gesamte Handels- und Wirtschaftsrecht 173 (2009), 101-118
(zitiert: *Koch* ZHR 173 (2009), 101, S.)

Kölner Kommentar zum Umwandlungsgesetz
Köln 2009
(zitiert: *Bearbeiter* in: KK-UmwG, § Rn.)

König, David C./Bormann, Jens
„Genuin Link" und freie Rechtsformwahl im Binnenmarkt
Neue Zeitschrift für Gesellschaftsrecht 2012, 1241-1244
(zitiert: *König/Bormann* NZG 2012, 1241, S.)

Kramer, Ernst A.
Juristische Methodenlehre
3. Auflage, Bern 2010
(zitiert: *Kramer*, S.)

Krause, Nils/Kulpa, Norman
Grenzüberschreitende Verschmelzungen vor dem Hintergrund der Sevic-Entscheidung und der Reform des deutschen Umwandlungsrechts
Zeitschrift für das gesamte Handels- und Wirtschaftsrecht 170 (2007), 38-78
(zitiert: *Krause/Kulpa* ZHR 170 (2007), 38, S.)

Krebs, Peter
Geschäftsführungshaftung bei der GmbH & Co. KG und das Prinzip der Haftung für sorgfaltswidrige Leitung
Baden-Baden 1991
(zitiert: *Krebs*, S.)

Kronke, Herbert
Deutsches Gesellschaftsrecht und grenzüberschreitende Strukturänderungen
Zeitschrift für Unternehmens- und Gesellschaftsrecht 1994, 26-46
(zitiert: *Kronke* ZGR 1994, 26, S.)

Kuntz, Thilo
Internationales Umwandlungsrecht; zugleich eine Besprechung des Urteils „Sevic Systems“
Internationales Steuerrecht 2006, 224-232
(zitiert: *Kuntz* IStR 2006, 224, S.)

Kußmaul, Heinz/Richter, Lutz/Ruiner, Christoph
Grenzenlose Mobilität?! – Zuzug und Wegzug von Gesellschaften in Europa
Europäisches Wirtschafts- und Steuerrecht 2009, 1-10
(zitiert: *Kußmaul/Richter/Ruiner* EWS 2009, 1, S.)

Langenbucher, Katja (Hrsg.)
Europäisches Privat- und Wirtschaftsrecht
3. Auflage, Baden-Baden 2013
(zitiert: *Bearbeiter* in: Langenbucher, § Rn.)

Larenz, Karl
Methodenlehre der Rechtwissenschaft
6. Auflage, Berlin u.a. 1991
(zitiert: *Larenz*, S.)

Leible, Stefan
Warten auf die Sitzverlegungsrichtlinie
In: Festschrift für Günter H. Roth zum 70. Geburtstag, S. 447-460
München 2011
(zitiert: *Leible* in: FS G. Roth, 447, S.)

Leible, Stefan/Hoffmann, Jochen
Cartesio – fortgeltende Sitztheorie, grenzüberschreitender Formwechsel und Verbot materieller Wegzugsbeschränkungen
Betriebs-Berater 2009, 58-63
(zitiert: *Leible/Hoffmann* BB 2009, 58, S.)

Lutter, Marcus
Kapital, Sicherung der Kapitalaufbringung und Kapitalerhaltung in den Aktien- und GmbH-Rechten der EWG
Karlsruhe 1964
(zitiert: *Lutter*, S.)

Ders.
Umstrukturierung von Unternehmen über die Grenze: Versuch eines Resümees
Zeitschrift für Unternehmens- und Gesellschaftsrecht 1994, 87-93
(zitiert: *Lutter* ZGR 1994, 87, S.)

Ders.
Konzepte, Erfolge und Zukunftsaufgaben Europäischer Gesellschaftsrechtsharmonisierung
In: Systembildung und Systemlücken in Kerngebieten des Europäischen Privatrechts, S. 121-144
Tübingen 2000
(zitiert: *Lutter* in: Systembildung und Systemlücken, 121, S.)

Ders. (Hrsg.)
Umwandlungsgesetz, Band I, II
4. Auflage, Köln 2009
(zitiert: *Bearbeiter* in: Lutter, § Rn.)

Lutter, Marcus/Bayer, Walter/Schmidt, Jessica
Europäisches Unternehmens- und Kapitalmarktrecht
5. Auflage, Berlin/Boston 2012
(zitiert: *Lutter/Bayer/Schmidt*, § Rn.)

Lutter, Marcus/Drygala, Tim
Internationale Verschmelzungen in Europa
Juristen Zeitung 2006, 770-776
(zitiert: *Lutter/Drygala* JZ 2006, 770, S.)

Lutter, Marcus/Hommelhoff, Peter (Hrsg.)
GmbHG
18. Auflage, Köln 2012
(zitiert: *Bearbeiter* in: Lutter/Hommelhoff, § Rn.)

Mansel, Heinz-Peter/Thorn, Karsten/Wagner, Rolf
Europäisches Kollisionsrecht 2012: Voranschreiten des Kodifikationsprozesses – Flickenteppich des Einheitsrechts
Praxis des Internationalen Privat- und Verfahrensrechts 2013, 1-36
(zitiert: *Mansel/Thorn/Wagner* IPRax 2013, 1, S.)

Manz, Gerhard/Mayer, Barbara/Schröder, Alfred (Hrsg.)
Europäische Aktiengesellschaft (SE)
2. Auflage, Baden-Baden 2010
(zitiert: *Bearbeiter* in: Manz/Mayer/Schröder, Art. Rn.)

Maulbetsch, Hans-Christoph/Klumpp, Axel/Rose, Klaus-Dieter (Hrsg.)
Umwandlungsgesetz
Heidelberg 2009
(zitiert: *Bearbeiter* in: Maulbetsch/Klumpp/Rose, § Rn.)

Mellert, Christopher/Verfürth, Ludger C.
Wettbewerb der Gesellschaftsformen. Ausländische Kapitalgesellschaften als Alternative zur AG und GmbH
Berlin 2005
(zitiert: *Mellert/Verfürth*, S. Rn.)

Messenzehl, Eric/Schwarzfischer, Benjamin
Der EuGH macht den Weg frei für den grenzüberschreitenden Formwechsel
Betriebs-Berater 2012, 2072-2073
(zitiert: *Messenzehl/Schwarzfischer* BB 2012, 2072, S.)

Metzger, Axel
Extra legem, intra ius: Allgemeine Rechtsgrundsätze im Europäischen Privatrecht
Tübingen 2009
(zitiert: *Metzger*, S.)

Michalski, Lutz (Hrsg.)
GmbHG, Band I
2. Auflage, München 2010
(zitiert: *Bearbeiter* in: Michalski, § Rn.)

Mörsdorf, Oliver
The legal mobility of companies within the European Union through cross-border conversion
Common Market Law Review 2012, 629-670
(zitiert: *Mörsdorf* CMLR 2012, 629, S.)

Mörsdorf, Oliver/Jopen, Christian
Anmerkung zum EuGH-Urteil VALE (ZIP 2012, 1394)
Zeitschrift für Wirtschaftsrecht und Insolvenzpraxis 2012,1398-1401
(zitiert: *Mörsdorf/Jopen* ZIP 2012, 1398, S.)

Müller, Friedrich/Christensen, Ralph
Juristische Methodik, Band II (Europarecht)
3. Auflage, Berlin 2012
(zitiert: *Müller/Christensen*, Rn.)

Münchener Handbuch des Gesellschaftsrechts
Band 6: Internationales Gesellschaftsrecht, Grenzüberschreitende Umwandlungen
4. Auflage, München 2013
(zitiert: *Bearbeiter* in: MüHdb GesR, IntGesR, § Rn.)

Münchener Kommentar zum Aktiengesetz
Band 7: Europäisches Aktienrecht, SE-VO, SEBG, Europäische Niederlassungsfreiheit
3. Auflage, München 2012
(zitiert: *Bearbeiter* in: MüKoAktG, Art./Niederlassungsfreiheit, Rn.)

Münchener Kommentar zum BGB
Band 11: Internationales Privatrecht, Internationales Gesellschaftsrecht
5. Auflage, München 2010
(zitiert: *Bearbeiter* in: MüKoBGB, Einl./IntGesR, Rn.)

Münchener Kommentar zum GmbHG
Band 1: §§ 1-34 GmbHG
München 2010
(zitiert: *Bearbeiter* in: MüKoGmbHG, § Rn.)

Neye, Hans-Werner
Die Vereinfachung des Europäischen Gesellschaftsrechts: Irrungen und Wirrungen
In: Festschrift für Klaus J. Hopt zum 70. Geburtstag, S. 1079-1090
Berlin/New York 2010
(zitiert: *Neye* in: FS Hopt, 1079, S.)

Nomos Kommentar zum BGB
Band 1: Allgemeiner Teil, EGBGB
2. Auflage, Baden-Baden 2011
(zitiert: *Bearbeiter* in: NomosBGB, AT, Art. Rn.)

Otte, Sabine/Rietschel, Knut
Freifahrschein für den grenzüberschreitenden Rechtsformwechsel nach „Cartesio"?
GmbH-Rundschau 2009, 983-988
(zitiert: *Otte/Rietschel* GmbHR 2009, 983, S.)

Pabst, Steffen
Entwicklungen im europäischen und völkervertraglichen Kollisionsrecht 2011-2012
Zeitschrift für Gemeinschaftsprivatrecht 2013, 171-176
(zitiert: *Pabst* GPR 2013, 171, S.)

Paefgen, Walter G.
Umwandlung, europäische Grundfreiheiten und Kollisionsrecht
GmbH-Rundschau 2004, 463-475
(zitiert: *Paefgen* GmbHR 2004, 463, S.)

Ders.
„Cartesio": Niederlassungsfreiheit minder Güte
Wertpapier-Mitteilungen 2009, 529-536
(zitiert: *Paefgen* WM 2009, 529, S.)

Peifer, Markus
Das Recht der Kapitalgesellschaften in Frankreich
Berlin 2009
(zitiert: *Peifer*, S. Rn.)

Pieroth, Bodo/Aubel, Tobias
Die Rechtsprechung des Bundesverfassungsgerichts zu den Grenzen richterlicher Entscheidungsfindung
Juristen Zeitung 2003, 504-510
(zitiert: *Pieroth/Aubel* JZ 2003, 504, S.)

Preis, Ulrich/Sagan, Adam
Der GmbH-Geschäftsführer in der arbeits- und diskriminierungsrechtlichen Rechtsprechung des EuGH, BGH und BAG
Zeitschrift für Unternehmens- und Gesellschaftsrecht 2013, 26-75
(zitiert: *Preis/Sagan* ZGR 2013, 26, S.)

Priester, Hans-Joachim
EU-Sitzverlegung – Verfahrensablauf
Zeitschrift für Unternehmens- und Gesellschaftsrecht 1999, 36-50
(zitiert: *Priester* ZGR 1999, 36, S.)

Rameloo, Stephan
Case C-378/10 VALE Építési Kft. Judgment of 12 July 2012, not yet reported
Freedom of establishment: cross-border transfer of company 'seat' – The last piece of the puzzle?
Maastricht Journal of European and Comparative Law 2012, 563-588
(zitiert: *Rameloo* MJ 2012, 563, S.)

Richter, Lutz/Heyd, Steffen
Die Bedeutung des EuGH-Urteils in der Rs. Cartesio für die deutsche Wegzugsbesteuerung unter besonderer Beachtung des grenzüberschreitenden Rechtsformwechsels
Steuern und Wirtschaft 2010, 367-380
(zitiert: *Richter/Heyd* StuW 2010, 367, S.)

Riesenhuber, Karl
System und Prinzipien des Europäischen Vertragsrechts
Berlin 2003
(zitiert: *Riesenhuber*, S.)

Ders. (Hrsg.)
Europäische Methodenlehre
2. Auflage, Berlin/New York 2010
(zitiert: *Bearbeiter* in: Riesenhuber, § Rn.)

Ringe, Wolf-Georg
Corporate Mobility in the European Union – a Flash in the Pan? An empirical study on the success of lawmaking and regulatory competition
European Company and Financial Law Review 2013, 230-267
(zitiert: *Ringe* ECFR 2013, 230, S.)

Roth, Günter H.
Vorgaben der Niederlassungsfreiheit für das Kapitalgesellschaftsrecht
München 2010
(zitiert: *G. Roth*, S.)

Ders.
Die Bedeutung von Cadbury-Schweppes für die Centros-Judikatur des EuGH
Europäische Zeitschrift für Wirtschaftsrecht 2010, 607-611
(zitiert: *G. Roth* EuZW 2010, 607, S.)

Ders.
Das Ende der Briefkastengründungen? – Vale contra Centros
Zeitschrift für Wirtschaftsrecht und Insolvenzpraxis 2012, 1744-1745
(zitiert: *G. Roth* ZIP 2012, 1744, S.)

Roth, Günter H./Altmeppen, Holger (Hrsg.)
GmbHG-Kommentar
7. Auflage, München 2012
(zitiert: *Bearbeiter* in: Roth/Altmeppen, § Rn.)

Roth, Wulf-Henning
Die Wegzugsfreiheit von Gesellschaften
In: Europäische Auslandsgesellschaften in Deutschland, S. 379-402
Köln 2005
(zitiert: *W.-H. Roth* in: Europäische Auslandsgesellschaften, 379, S.)

Ders.
Grenzüberschreitender Rechtsformwechsel nach VALE
In: Festschrift für Michael Hoffmann-Becking zum 70. Geburtstag, S. 965-995
München 2013
(zitiert: *W.-H. Roth* in: FS Hoffmann-Becking, 965, S.)

Rotheimer, Marietje
Referentenentwurf zum Internationalen Gesellschaftsrecht
Neue Zeitschrift für Gesellschaftsrecht 2008, 181-182
(zitiert: *Rotheimer* NZG 2008, 181, S.)

Rubner, Daniel/Leuering, Dieter
Grenzüberschreitende Verlegung des Satzungssitzes
Neue Juristische Wochenschrift-Spezial 2012, 527-528
(zitiert: *Rubner/Leuering* NJW-S 2012, 527, S.)

Ruiner, Christoph
Fortentwicklung des EuGH-Urteils in der Rs. Cartesio durch die Schlussanträge des GA Jääskinen in der Rs. Vale Építési kft.
Internationales Steuerrecht 2012, 257-259
(zitiert: *Ruiner* IStR 2012, 257, S.)

Rüthers, Bernd/Fischer, Christian/Birk, Axel
Rechtstheorie mit Juristischer Methodenlehre
6. Auflage, München 2011
(zitiert: *Rüthers/Fischer/Birk*, S. Rn.)

Sagasser, Bernd/Bula, Thomas/Brünger, Thomas R. (Hrsg.)
Umwandlungen
4. Auflage, München 2011
(zitiert: *Bearbeiter* in: Sagasser/Bula/Brünger, § Rn.)

Schilling, Theodor
Eine neue Rahmenstrategie für die Mehrsprachigkeit: Rechtskulturelle Aspekte
Zeitschrift für Europäisches Privatrecht 2007, 754-784
(zitiert: *Schilling* ZEuP 2007, 754, S.)

Schmidt, Jessica
Grenzüberschreitender Formwechsel im „Bermuda-Dreieck" von Sevic, Cartesio und VALE – steuert Generalanwalt *Jääskinen* mit den Schlussanträgen in der Rs. VALE den richtigen Kurs?
Zeitschrift für Gemeinschaftsprivatrecht 2012, 144-146
(zitiert: *J. Schmidt* GPR 2012, 144, S.)

Schmidt, Karsten
Integrationswirkung des Umwandlungsgesetzes. Betrachtung zur Dogmengeschichte und Rechtsfortbildung im Gesellschaftsrecht
In: Festschrift für Peter Ulmer zum 70. Geburtstag, S. 557-577
Berlin 2003
(zitiert: *K. Schmidt* in: FS Ulmer, 557, S.)

Schmitt, Joachim/Hörtnagl, Robert/Stratz, Rolf-Christian
Umwandlungsgesetz, Umwandlungssteuergesetz
6. Auflage, München 2013
(zitiert: *Bearbeiter* in: Schmitt/Hörtnagl/Stratz, § Rn.)

Scholz
GmbHG, Band I
11. Auflage, Köln 2013
(zitiert: *Bearbeiter* in: Scholz, § Rn.)

Schön, Wolfgang
The Mobility of Companies in Europe and the Organizational Freedom of Company Founders
European Company and Financial Law Review 2006, 122-146
(zitiert: *Schön* ECFR 2006, 122, S.)

Ders.
Allgemeine Rechtgrundsätze im Europäischen Gesellschaftsrecht
In: Festschrift für Klaus J. Hopt zum 70. Geburtstag, S. 1343- 1362
Berlin/New York 2010
(zitiert: *Schön* in: FS Hopt, 1343, S.)

Ders.
Das System der gesellschaftsrechtlichen Niederlassungsfreiheit nach VALE
Zeitschrift für Unternehmens- und Gesellschaftsrecht 2013, 333-365
(zitiert: *Schön* ZGR 2013, 333, S.)

Schöne, Torsten
Die Spaltung unter Beteiligung von GmbH
Köln 1998
(zitiert: *Schöne*, S.)

Schönhaus, Mathias/Müller, Michael
Grenzüberschreitender Formwechsel aus gesellschafts- und steuerrechtlicher Sicht
Internationales Steuerrecht 2013, 174-179
(zitiert: *Schönhaus/Müller* IStR 2013, 174, S.)

Schröder, Jan/Fischer Anne
Die Sitzverlegung von Versicherungsunternehmen innerhalb der Europäischen Union
Zeitschrift für Versicherungsrecht, Haftungs- und Schadensrecht 2013, 686-691
(zitiert: *Schröder/Fischer* VersR 2013, 686, S.)

Schwarze, Jürgen (Hrsg.)
EU-Kommentar
3. Auflage, Baden-Baden 2012
(zitiert: *Bearbeiter* in: Schwarze, Art. Rn.)

Semler, Johannes/Stengel, Arndt (Hrsg.)
Umwandlungsgesetz
3. Auflage, München 2012
(zitiert: *Bearbeiter* in: Semler/Stengel, § Rn.)

Siems, Mathias M.
SEVIC: Der letzte Mosaikstein im Internationalen Gesellschaftsrecht der EU?
Europäische Zeitschrift für Wirtschaftsrecht 2006, 135-140
(zitiert: *Siems* EuZW 2006, 135, S.)

Sonnenberger, Hans Jürgen/Bauer, Frank
Vorschlag des Deutschen Rates für Internationales Privatrecht für eine Regelung des Internationalen Gesellschaftsrechts auf europäischer/nationaler Ebene
Recht der Internationalen Wirtschaft 2006, Beilage 1, 1-24
(zitiert: *Sonnenberger/Bauer* RIW 2006, Beilage 1, 1, S.)

Spahlinger, Andreas/Wegen, Gerhard(Hrsg.)
Internationales Gesellschaftsrecht in der Praxis
München 2005
(zitiert: *Bearbeiter* in: Sphalinger/Wegen, Rn.)

Dies.
Deutsche Gesellschaften in grenzüberschreitenden Umwandlungen nach „SEVIC" und der Verschmelzungsrichtlinie in der Praxis
Neue Zeitschrift für Gesellschaftsrecht 2006, 721-728
(zitiert: *Spahlinger/Wegen* NZG 2006, 721, S.)

Spindler, Gerald/Stilz, Eberhard (Hrsg.)
Aktiengesetz, Band 2
2. Auflage, München 2010
(zitiert: *Bearbeiter* in: Spindler/Stilz, Art. Rn.)

Süß, Rembert/Wachter, Thomas (Hrsg.)
Handbuch des internationalen GmbH-Rechts
2. Auflage, Bonn 2011
(zitiert: *Bearbeiter* in: Süß/Wachter, S. Rn.)

Szydło, Marek
The Right of Companies to Cross-Border Conversion under the TFEU Rules on Freedom of Establishment
European Company and Financial Law Review 2010, 414-443
(zitiert: *Szydło* ECFR 2010, 414, S.)

Teichmann, Christoph
Die Einführung der Europäischen Aktiengesellschaft
Zeitschrift für Unternehmens- und Gesellschaftsrecht 2002, 383-464
(zitiert: *Teichmann* ZGR 2002, 383, S.)

Ders.
Vorschläge für das deutsche Ausführungsgesetz zur Europäischen Aktiengesellschaft
Zeitschrift für Wirtschaftsrecht und Insolvenzpraxis 2002, 1109-1116
(zitiert: *Teichmann* ZIP 2002, 1109, S.)

Ders.
Binnenmarktkonformes Gesellschaftsrecht
Berlin 2006
(zitiert: *Teichmann*, Binnenmarktkonformes GesR, S.)

Ders.
Binnenmarktmobilität von Gesellschaften nach „Sevic"
Zeitschrift für Wirtschaftsrecht und Insolvenzpraxis 2006, 355-363
(zitiert: *Teichmann* ZIP 2006, 355, S.)

Ders.
Cartesio: Die Freiheit zum formwechselnden Wegzug
Zeitschrift für Wirtschaftsrecht und Insolvenzpraxis 2009, 393-404
(zitiert: *Teichmann* ZIP 2009, 393, S.)

Ders.
EuGH: Grenzüberschreitender Wegzug von Gesellschaften
Kommentierte BGH-Rechtsprechung Lindenmaier/Möhring 2009, 275584
(zitiert: *Teichmann* LMK 2009, 275584)

Ders.
Gesellschaftsrecht im System der Europäischen Niederlassungsfreiheit
Zeitschrift für Unternehmens- und Gesellschaftsrecht 2011, 639-689
(zitiert: *Teichmann* ZGR 2011, 639, S.)

Ders.
Gesellschaften und natürliche Personen im Recht der europäischen Niederlassungsfreiheit
In: Festschrift für Peter Hommelhoff zum 70. Geburtstag, S. 1213-1236
Köln 2012
(zitiert: *Teichmann* in: FS Hommelhoff, 1213, S.)

Ders.
Der grenzüberschreitende Formwechsel ist Spruchreif: Das Urteil des EuGH in der Rs. Vale
Der Betrieb 2012, 2085-2092
(zitiert: *Teichmann* DB 2012, 2085, S.)

Teichmann, Christoph/Ptak, Paulina
Die grenzüberschreitende Sitzverlegung aus deutsch-polnischer Perspektive
Recht der Internationalen Wirtschaft 2010, 817-823
(zitiert: *Teichmann/Ptak* RIW 2010, 817, S.)

Thiermann, Christoph
„Grenzüberschreitende Neugründung einer Gesellschaft" – ein neues Rechtsinstitut innerhalb der Europäischen Union?
Europäische Zeitschrift für Wirtschaftsrecht 2012, 209-213
(zitiert: *Thiermann* EuZW 2012, 209, S.)

Thoma, Georg F./Leuering, Dieter
Die Europäische Aktiengesellschaft – Societas Europaea
Neue Juristische Wochenschrift 2002, 1449-1454
(zitiert: *Thoma/Leuering* NJW 2002, 1449, S.)

Thömmes, Otmar
Grenzüberschreitende Umwandlung von Gesellschaften
NWB Steuer- und Wirtschaftsrecht 2012, 3018-3021
(zitiert: *Thömmes* NWB 2012, 3018, S.)

Thümmel, Max/Hack, F. Sebastian
Die grenzüberschreitende Verschmelzung von Personengesellschaften
Der Konzern 2009, 1-7
(zitiert: *Thümmel/Hack* DK 2009, 1 S.)

Triebel, Volker/Illmer, Martin/Ringe, Wolf-Georg/Ziegler, Katja (Hrsg.)
Englisches Handels- und Wirtschaftsrecht
3. Auflage, Frankfurt a.M. 2012
(zitiert: *Bearbeiter* in: Triebel u.a., S. Rn.)

Triebel, Volker/von Hase, Karl
Wegzug und grenzüberschreitende Umwandlungen deutscher Gesellschaften nach „Überseering" und Inspire Art"
Betriebs-Berater 2003, 2409-2417
(zitiert: *Triebel/von Hase* BB 2003, 2409, S.)

Ulrich, Stephan
EuGH erlaubt grenzüberschreitende, identitätswahrende und rechtsformwechselnde Umwandlung
GmbH-Rundschau 2012, R 217
(zitiert: *Ulrich* GmbHR 2012, R 217)

Vermeylen, Jérôme/Vande Velde, Ivo (Hrsg.)
European Cross-Border Mergers and Reorganization
Oxford 2012
(zitiert: *Bearbeiter* in: Vermeylen/Vande Velde, S. Rn.)

Verse, Dirk
Die Entwicklung des europäischen Gesellschaftsrechts im Jahr 2012
Europäische Zeitschrift für Wirtschaftsrecht 2013, 336-343
(zitiert: *Verse* EuZW 2013, 336, S.)

Vetter, Jochen
Die Regelung der grenzüberschreitenden Verschmelzung im UmwG
Die Aktiengesellschaft 2006, 613-626
(zitiert: *Vetter* AG 2006, 613, S.)

Wagner, Rolf/Timm, Birte
Der Referentenentwurf eines Gesetzes zum Internationalen Privatrecht der Gesellschaften, Vereine und juristischen Personen
Praxis des Internationalen Privat- und Verfahrensrechts 2008, 81-89
(zitiert: *Wagner/Timm* IPRax 2008, 81, S.)

Wank, Rolf
Auslegung und Rechtsfortbildung im Arbeitsrecht
Baden-Baden 2013
(zitiert: *Wank*, S.)

Weller, Marc-Philippe
IPR-Methodik für grenzüberschreitende gesellschaftsrechtliche Sachverhalte
Zeitschrift für Unternehmens- und Gesellschaftsrecht 2010, 679-709
(zitiert: *Weller* ZGR 2010, 679, S.)

Ders.
Unternehmensmitbestimmung für Auslandgesellschaften
In: Festschrift für Peter Hommelhoff zum 70. Geburtstag, S. 1275-1297
Köln 2012
(zitiert: *Weller*, in: FS Hommelhoff, 1275, S.)

Ders.
Zukunftsfragen des Europäischen Unternehmensrechts
Zeitschrift für Europäisches Privatrecht 2012, 681-686
(zitiert: *Weller* ZEuP 2012, 681, S.)

Ders.
Anmerkung zum EuGH-Urteil zur grenzüberschreitenden Umwandlung einer Gesellschaft – VALE
Kommentierte BGH-Rechtsprechung Lindenmaier/Möhring 2012, 336113
(zitiert: *Weller* LMK 2012, 336113)

Ders.
Unternehmensmobilität im Binnenmarkt
In: Einheit und Vielfalt im Unternehmensrecht. Festschrift für Uwe Blaurock zum 70. Geburtstag, S. 497-526
Tübingen 2013
(zitiert: *Weller* in: FS Blaurock, 497, S.)

Werdnik, Rainer
Zur Niederlassungsfreiheit und grenzüberschreitenden Mobilität von Gesellschaften – EuGH Rs. VALE
Österreichische Zeitschrift für Recht und Rechnungswesen 2012, 317-319
(zitiert: *Werdnik* RWZ 2012, 317, S.)

Wicke, Hartmut
Mobilität europäischer Kapitalgesellschaften am Vorabend der 14. gesellschaftsrechtlichen Richtlinie über die grenzüberschreitende Sitzverlegung
Zeitschrift für Gemeinschaftsprivatrecht 2010, 238-243
(zitiert: *Wicke* GPR 2010, 238, S.)

Ders.
Zulässigkeit des grenzüberschreitenden Formwechsels. Rechtssache „Vale" des Europäischen Gerichtshofs zur Niederlassungsfreiheit
Deutsches Steuerrecht 2012, 1756-1759
(zitiert: *Wicke* DStR 2012, 1756, S.)

Windbichler, Christine
Gesellschaftsrecht
23. Auflage, München 2013
(zitiert: *Windbichler*, § Rn.)

Winter, Michael
Planung und Vorbereitung einer grenzüberschreitenden Verschmelzung
Der Konzern 2007, 24-34
(zitiert: *Michael Winter* DK 2007, 24, S.)

Wirtz, Andreas
Die Lückenfüllung im Recht der SE und der SPE
Baden-Baden 2012
(zitiert: *Wirtz*, S.)

Wöhlert, Helge-Torsten/Degen, Stephan
Die neue Mobilität von Gesellschaften in Europa nach „Vale“ und „National Grid Indus“
Gesellschafts- und Wirtschaftsrecht 2012, 432-436
(zitiert: *Wöhlert/Degen* GWR 2012, 432, S.)

Wohlrab, Stefan
Der grenzüberscheitende Formwechsel als Mittel der Mobilität im Binnenmarkt
Zeitschrift für Gemeinschaftsprivatrecht 2012, 316-322
(zitiert: *Wohlrab* GPR 2012, 316, S.)

Wymeersch, Eddy
The Transfer of the Company´s Seat in European Company Law
Common Market Law Review 2003, 661-695
(zitiert: *Wymeersch* CMLR 2003, 661, S.)

Zimmer, Daniel/Naendrup, Christoph
Das Cartesio-Urteil des EuGH: Rück- oder Fortschritt für das Internationale Gesellschaftsrecht?
Neue Juristische Wochenschrift 2009, 545-550
(zitiert: *Zimmer/Naendrup* NJW 2009, 545, S.)

Internetquellen

Arbeitskreis Europäisches Unternehmensrecht
Thesen zum Erlass einer europäischen Sitzverlegungsrichtlinie
http://iur.duslaw.eu/files/Thesen-Sitzverlegungsrichtlinie-Namensliste_V2.pdf
(abgerufen am: 01.06.2013)
(zitiert: *Arbeitskreis Europäisches UnternehmensR*, These)

Bundesministerium der Justiz (Hrsg.)
Begründung zum Referentenentwurf eines Gesetzes zum Internationalen Privatrecht der Gesellschaften, Vereine und juristischen Personen
http://www.rwi.uzh.ch/oe/stiftungsrecht/rechtsentwicklungen/Referentenentwurf-IGR_120417.pdf (abgerufen am: 24.05.2013)
(zitiert: *BMJ*, Begründung Ref-E Art. 10 ff., S.)

Cathiard, Catherine
European Added Value Assessment on the cross-border transfer of company seats (14th company law Directive), Annex I – Legal effects of the requested legislative instrument
http://www.europarl.europa.eu/committees/en/studiesdownload.html?languageDocument=EN &file=90588 (abgerufen am: 14.04.2013)
(zitiert: *Cathiard*, Annex I, EAVA, 3/2013, S.)

Deutscher Industrie und Handelskammertag (Hrsg.)
Stellungnahme zur Konsultation zur grenzüberschreitenden Verlegung von Firmensitzen der Kommission vom Januar 2013
http://ec.europa.eu/internal_market/consultations/2013/seat-transfer/docs/contributions/public-authorities/deutscher-industrie-und-handelskammertag_de.pdf (abgerufen am: 01.06.2013)
(zitiert: *DIHK*, Stellungnahme Konsultation, S.)

Deutscher Notarverein (Hrsg.)
Stellungnahme zum Referentenentwurf eines Gesetzes zum Internationalen Privatrecht der Gesellschaften, Vereine und juristischen Personen
http://www.gesmat.bundesgerichtshof.de/gesetzesmaterialien/16_wp/int_gesr/stellung_refe_dnotv.pdf (abgerufen am: 24.05.2013)
(zitiert: *Deutscher Notarverein*, Stellungnahme Ref-E, S.)

Esposito, Anna Christina Theresia
Sitzverlegung und Minderheitenschutz bei der Societas Europaea
2013
http://tobias-lib.uni-tuebingen.de/volltexte/2013/6802/pdf/ Sitzverlegung_und_ Minderheiten-schutz.pdf (abgerufen am: 03.06.2013)
(zitiert: *Esposito*, S.)

European Added Value Assessment (Hrsg.)
Directive on the cross-border transfer of a company´s registered office (14th Company Law Directive), EAVA 3/2012
http://www.europarl.europa.eu/committees/en/studiesdownload.html?languageD ocument=EN &file=85370 (abgerufen am: 21.05.2013)
(zitiert: *European Added Value Assessment* 3/2012, S.)

Hecht, Judith
Mobilität: „Viele unnötige Stolpersteine für Unternehmen“
In: Die Presse, Ausgabe vom 18.04.2013
http://diepresse.com/home/wirtschaft/recht/1390383/Mobilitaet_Viele-unnoetige-Stolper-steine-fuer-Unternehmen (abgerufen am: 01.06.2013)
(zitiert: *Hecht*, Die Presse v. 18.04.2013)

Leuering, Dieter
Sitzverlegung von Gesellschaften in Europa: Rechtliche und praktische Probleme
In: Zentrum für Europäisches Wirtschaftsrecht, Vorträge und Berichte (Nr. 198)
http://www.zew.uni-bonn.de/pdf/Heft198WellerLeuering.pdf
(abgerufen am: 15.04.2013)
(zitiert: *Leuering* in: Zentrum für Europäisches WirtschaftsR, S.)

Noack, Ulrich
EuGH zur grenzüberschreitenden Umwandlung („VALE“)
In: Handelsblatt online-blog, Ausgabe vom 16.07.2012
http://blog.handelsblatt.com/rechtsboard/2012/07/16/eugh-zur-grenzuberschreitenden-umwandlung-vale/
(zitiert: *Noack*, Handelsblatt v. 16.07.2012)

Serafimova, Mariya
Der Fall Vale. EuGH, Rs. C-378/10, Urteil des Gerichtshofs vom 12. Juli 2012
In: DeLuxe. Europarecht aktuell 03/2013
http://www.rewi.europa-uni.de/de/profil/projekte/deluxe/archiv_2013/03_ 2013_Vale/03_ 13_ DeLuxe_VALE.pdf (abgerufen am: 21.05.2013)
(zitiert: *Serafimova*, DeLuxe 2013, S.)

Weller, Marc-Philippe
Sitzverlegung von Gesellschaften in Europa: Rechtliche und
praktische Probleme
In: Zentrum für Europäisches Wirtschaftsrecht, Vorträge und Berichte (Nr. 198)
http://www.zew.uni-bonn.de/pdf/Heft198WellerLeuering.pdf
(abgerufen am: 15.04.2013)
(zitiert: *Weller* in: Zentrum für Europäisches WirtschaftsR, S.)

Rechtsprechungsverzeichnis

EuGH

EuGH, Urteil vom 15.07.1964, Rs. 6/64, Slg. 1964, 1251 – Costa/E.N.E.L.

EuGH, Urteil vom 30.01.1974, Rs. 159/73,
Slg. 1974, 121 – Hannoversche Zucker

EuGH, Urteil vom 03.03.1977, Rs. 80/76, Slg. 1977, 425 – Kerry Milk

EuGH, Urteil vom 12.07.1979, Rs. 9/79, Slg. 1979, 2717 – Koschniske

EuGH, Urteil vom 18.01.1984, Rs. 327/82, Slg. 1984, 107 – Ekro

EuGH, Urteil vom 21.02.1984, Rs. 337/82,
Slg. 1984, 1051 – Nikolaus Brennerei

EuGH, Urteil vom 12.12.1985, Rs. 165/84, Slg. 1985, 3997 – Krohn

EuGH, Urteil vom 08.12.1987, Rs. 20/87, Slg. 1987, 4879 – Gauchard

EuGH, Urteil vom 04.02.1988, Rs. 157/86, Slg. 1988, 673 – Murphy

EuGH, Urteil vom 20.04.1988, Rs. 204/87, Slg. 1988, 2029 – Baekert

EuGH, Urteil vom 27.09.1988, Rs. 81/87, Slg. 1988, 5483 – Daily Mail

EuGH, Urteil vom 03.10.1990, Rs. C-54/88, Slg. 1990, I-3537 – Nino

EuGH, Urteil vom 25.07.1991, Rs. C-221/89, Slg. 1991, I-3905 – Factortame II

EuGH, Urteil vom 26.01.1993, Rs. C-112/91, Slg. 1993, I-429 – Werner

EuGH, Urteil vom 13.07.1993, Rs. C-330/91, Slg. 1993, I-4017 – Commerzbank

EuGH, Urteil vom 30.11.1995, Rs. C-55/94, Slg. 1995, I-4165 – Gebhard

EuGH, Urteil vom 05.03.1996, Rs. C-46/93,
Slg. 1996, I-1029 – Brasserie du Pêcheur

EuGH, Urteil vom 09.03.1999, Rs. C-212/97, Slg. 1999, I-1459 – Centros

EuGH, Urteil vom 05.11.2002, Rs. C-208/00, Slg. 2002, I-9919 – Überseering

EuGH, Urteil vom 30.09.2003, Rs. C-167/01, Slg. 2003, I-10155 – Inspire Art

EuGH, Urteil vom 05.10.2004, verb. Rs. 397/01 bis C-403/01,
Slg. 2004, I-8835 – Pfeiffer

EuGH, Urteil vom 05.10.2004, Rs. C-442/02,
Slg. 2004, I-8961 – CaixaBank France

EuGH, Urteil vom 13.12.2005, Rs. C-411/03, Slg. 2005, I-10805 – Sevic

EuGH, Urteil vom 02.05.2006, Rs. C-341/04, Slg. 2006, I-3813 – Eurofood

EuGH, Urteil vom 12.09.2006, Rs. C-196/04,
Slg. 2006, I-7995 – Cadbury-Schweppes

EuGH, Urteil vom 13.03.2007, Rs. C-524/04,
Slg. 2007, I-2107 – Test Claimants

EuGH, Urteil vom 17.04.2008, Rs. C-404/06, Slg. 2008, I-2685 – Quelle

EuGH, Urteil vom 16.12.2008, Rs. C-210/06, Slg. 2008, I-9641 – Cartesio

EuGH, Urteil vom 19.11.2009, Rs. C-402/07 und C-432/07,
Slg. 2009, I-10923 – Sturgeon

EuGH, Urteil vom 29.11.2011, Rs. C-371/10,
ZIP 2012, 169 – National Grid Indus

EuGH, Urteil vom 12.07.2012, Rs. 378/10, NJW 2012, 2715 – Vale

EuGH, Urteil vom 24.04.2013, Rs. C-64/11,
EWS 2013, 206 – Kommission/Spanien

BVerfG

BVerfG, Urteil vom 07.02.1990 – 1 BvR 26/84,
BVerfGE 81, 242 – Wettbewerbsverbot für Handelsvertreter

BVerfG, Urteil vom 19.10.1993 – 1 BvR 567/89,
BVerfGE 89, 214 – Bürgschaft

BGH

BGH, Urteil vom 22.05.1989 – II ZR 206/88, BGHZ 107, 296 – Kochs Adler

BGH, Urteil vom 18.12.1989 – II ZR 254/88, ZIP 1990, 168 – DAT/Altana II

BGH, Urteil vom 01.07.2002 – II ZR 380/00, BGHZ 151, 204 – Jersey

BGH, Urteil vom 29.01.2003 – VIII ZR 155/02, BGHZ 153, 353

BGH, Urteil vom 13.03.2003 – VII ZR 370/98, BGHZ 154, 185 – Überseering

BGH, Urteil vom 13.10.2004 – I ZR 245/01, ZIP 2004, 2230 – GEDIOS

BGH, Urteil vom 19.09.2005 – II ZR 372/03, BGHZ 164, 148

BGH, Urteil vom 27.10.2008 – II ZR 158/06, BGHZ 178, 192 – Trabrennbahn

BGH, Urteil vom 26.11.2008 – VIII ZR 200/05, BGHZ 179, 27 – Quelle

BGH, Urteil vom 12.07.2011 – II ZR 28/10, BGHZ 190, 242

OLG (inklusive Bayerisches Oberstes Landesgericht)

BayObLG, Urteil vom 07.05.1992 – 3 Z BR 14/92, ZIP 1992, 842

OLG Hamm, Urteil vom 01.02.2001 – 15 W 390/00, ZIP 2001, 2183

OLG Düsseldorf, Urteil vom 26.03.2001 – 3 Wx 88/01, ZIP 2001, 2184

BayObLG, Urteil vom 11.02.2004 – 3 Z BR 175/03, ZIP 2004, 806

OLG Brandenburg, Urteil vom 30.11.2004 – 6 Wx 4/04, ZIP 2005, 489

OLG Zweibrücken, Urteil vom 27.09.2005 – 3 W 170/05, DB 2005, 2293

OLG München, Urteil vom 04.10.2007 – 31 Wx 36/07, ZIP 2007, 2124

OLG München, Urteil vom 26.06.2008 – 29 U 1886/08, GRUR-RR 2008, 400

OLG Nürnberg, Urteil vom 13.02.2012 – 12 W 2361/11, ZIP 2012, 572

Teil 1 Einleitung

In einer global ausgerichteten Wirtschaftswelt sehen sich Unternehmen einem zunehmenden Wettbewerb und Konkurrenzdruck ausgesetzt. Um diesem Stand zu halten, ist es oftmals nicht ausreichend, sich auf den nationalen Markt zu beschränken. Vielmehr bedarf es transnationaler Tätigkeiten und dem ständigen Bedürfnis zur Erschließung ausländischer Märkte. Dazu ist zweifelsohne auch grenzüberschreitende Mobilität und die Möglichkeit einer länderübergreifenden Umstrukturierung von Unternehmen als Rechtsträger von großer Bedeutung.[1] Dem gerecht zu werden, bedienten sich Unternehmen im letzten Jahrzehnt vermehrt ausländischer Rechtsträger, um durch die Wahl der für sie passenden Gesellschaftsform möglichst effizient agieren zu können. Innerhalb des Europäischen Wirtschaftsraums kam es vermehrt zu einem sog. Wettbewerb der Gesellschaftsrechte.[2]

Der grenzüberschreitende Rechtsformwechsel ist eine Umgestaltungsmöglichkeit von Unternehmen, die eine für das Funktionieren des Europäischen Binnenmarktes wichtige Modalität bei der Ausübung der Niederlassungsfreiheit beschreibt.[3] Das Bedürfnis nach einem grenzüberschreitenden Rechtformwechsel innerhalb des Europäischen Wirtschaftsraums ist aufgrund des zunehmenden Wettbewerbs zwischen den Rechtsordnungen der einzelnen Mitgliedstaaten in den letzten Jahren verstärkt aufgekommen. Nicht zuletzt durch die EuGH-Entscheidung in der Rechtssache Vale[4] steht dieser als Gestaltungsform für eine transnationale Umstrukturierung von Unternehmen wieder vermehrt im Blickpunkt des Europäischen Gesellschaftsrechts.[5]

---

1 *Erk* EBLR 2010, 413, 443 f.; *Ringe* ECFR 2013, 230, 231; *Drygala* EuZW 2013, 569, 570; vgl. zur Weiterentwicklung des des Europäischen Gesellschaftsrechts *Grundmann* in: Systembildung und Systemlücken, 1, 27; generell zur Rechtsangleichung und Harmonisierung des (Europäischen) Gesellschaftsrechts bereits *Lutter*, S. 3 ff.

2 *Engert* in: Langenbucher, § 5 Rn. 5; *Eidenmüller* ZIP 2002, 2233, 2235 ff.

3 *W.-H. Roth* in: FS Hoffmann-Becking, 965, 990; *Schön* ECFR 2006, 122, 134; *ders.* ZGR 2013, 333, 344; *Leible* in: FS G. Roth, 447, 456; vgl. zur Förderung grenzüberschreitender Aktivitäten durch die Ausgestaltung der Niederlassungsfreiheit *Engert* in: Langenbucher, § 5 Rn. 1.

4 EuGH, Urt. v. 12.7.2012, Rs. C-378/10, NJW 2012, 2715 – Vale.

5 Vgl. Aktionsplan der Europäischen Kommission v. 12.12.2012 (IP 12/1340), S. 13 f.; abrufbar unter: http:// europa.eu/rapid/press-release_IP-12-1340_de.htm?locale=en.

Die Zulässigkeit und praktische Durchführung eines grenzüberschreitenden Rechtsformwechsels ist für die Ausgestaltung eines liberalisierten Wirtschaftraums in Form eines gemeinsamen europäischen Binnenmarktes von essentieller Bedeutung.[6]

Die vorliegende Arbeit richtet sich zum einen an Unternehmen, die einen grenzüberschreitenden Rechtsformwechsel planen und zum anderen an Richter als Ausgestalter der geltenden Rechtsordnung. Sie behandelt lediglich den grenzüberschreitenden Rechtsformwechsel von Kapitalgesellschaften, da aufgrund eines globalen Wettbewerbsdrucks insbesondere bei diesen Gesellschaftsformen ein immanentes Bedürfnis nach grenzüberschreitenden Umstrukturierungen besteht.[7] Zudem sind bei Personengesellschaften die gesellschaftsrechtlichen Unterschiede zwischen den mitgliedstaatlichen Gesellschaftsformen zumeist geringer als bei Kapitalgesellschaften.[8] Bei diesen stellt sich wegen ihrer Organisations- und Haftungverfassung in besonderer Weise die Frage eines grenzüberschreitenden Gläubigerschutzes.[9] Kapitalgesellschaften haben eine größere Bedeutung für die Verwirklichung eines gemeinsamen, harmonisierten Binnenmarktes.[10] Die Arbeit beschränkt sich des Weiterhin auf den Rechtsraum der Europäischen Union, da nur für diesen und den Europäischen Wirtschaftsraum die Niederlassungsfreiheit als maßgeblicher Anknüpfungspunkt für die Ermittlung der Zulässigkeit eines grenzüberschreitenden Rechtsformwechsels einschlägig ist. Eine Erweiterung auf Nicht-EU-Staaten würde zahlreiche weitere Einzelprobleme mit sich bringen, auf die wegen des begrenzten Umfangs dieser Arbeit nicht eingegangen werden kann. Zumal beschränkt sich der Anwendungsbereich

---

6 *Schön* ZGR 2013, 333, 344; *Eidenmüller* in: Eidenmüller, § 3 Rn. 10 ff.; *Habersack/Verse*, § 3 Rn. 7; generell zur Schaffung von Rechtsicherheit und Rechtsklarkeit im Binnenmarkt mittels Harmonisierung *Neye* in: FS Hopt, 1079, 1082 f.

7 Vgl. ebenfalls zur Beschränkung der gesellschaftsrechtlichen Richtlinien auf Kapitalgesellschaften *Engert* in: Langenbucher, § 5 Rn. 3; zur Bedeutung insbesondere von Kapitalgesellschaften für die Verwirklichung eines europäischen Binnenmarktes *Fleckner* in: FS Hopt, 659, 682.

8 *Bayer/Schmidt* ZHR 173 (2009), 735, 761; dies wird auch dadurch deutlich, dass statistisch vermehrt Kapitalgesellschaften einen grenzüberschreitenden Rechtsformwechsel vornehmen (ca. 80% beim Herausformwechsel aus Spanien), siehe dazu *Cathiard*, Annex I, EAVA, 3/2013, S. 43; einschränkend hingegen *Koch* ZHR 173 (2009), 101, 113.

9 Vgl. zu diesem Argument für nationale Aktiengesellschaften Erwägungsgrund 1 der Richtlinie 77/91/EWG (KapitalRL) v. 13.12.1976, ABl. EG L 26, 1.

10 *Fleckner* in: FS Hopt, 659, 682.

der Niederlassungsfreiheit auf die EU- und EWR-Mitgliedstaaten.[11] Die vorliegenden Ausführungen beziehen auf den aktuellen Status quo bei der Beurteilung eines grenzüberschreitenden Rechtsformwechsels. Auf Vorhaben, wie den Erlass einer Europäischen Sitzverlegungsrichtlinie[12], wird nur in Form eines Ausblicks eingegangen.

Zu Beginn dieser Arbeit wird der Begriff des grenzüberschreitenden Rechtsformwechsels näher erläutert und was ein solcher beinhaltet. Danach wird ein kurzer Überblick über die Motive, weshalb sich Unternehmen für einen solchen entschließen, gegeben und welche Alternativen zu ihm bestehen. Folgend wird ausführlich auf die Zulässigkeit eines grenzüberschreitenden Rechtsformwechsels innerhalb der EU eingegangen und geklärt, inwiefern die Mitgliedstaaten diesen unterbinden bzw. von bestimmten Voraussetzungen abhängig machen können. Im nächsten Abschnitt wird geklärt, welches Verfahrensrecht auf einen grenzüberschreitenden Rechtsformwechsel Anwendung findet. Hierbei werden die in der Fachliteratur und Rechtsprechung genannten Möglichkeiten explizit auf deren Anwendbarkeit aus rechtsmethodischer Sicht geprüft. Dem zugrundeliegend wird dargestellt, welche konkreten Verfahrensvorschriften für die Durchführung eines grenzüberschreitenden Rechtsformwechsels aus bzw. nach Deutschland anzuwenden sind. Aufgrund des begrenzten Umfangs dieser Arbeit kann dabei nicht auf sämtliche spezifischen Verfahrensschritte und die damit einhergehenden Einzelprobleme eingegangen werden. Vielmehr werden die wesentlichsten Aspekte des Umwandlungsverfahrens näher erläutert. Im fünften Teil wird auf künftige Vorhaben, die Einfluss auf die Beurteilung eines grenzüberschreitenden Rechtsformwechsels haben können, eingegangen.

11 Vgl. z.B. EuGH – Test Claimants, Slg. 2007, I-2107, Rn. 100.

12 Vorentwurf einer vierzehnten Richtlinie des Europäischen Parlaments und des Rates über die Verlegung des Sitzes einer Gesellschaft in einen anderen Mitgliedstaat mit Wechsel des für die Gesellschaft maßgebenden Rechts vom 20.4.1997, KOM XV/6002/97 endg. (Sitzverlegungs-RL).

Teil 2 Grundlagen des grenzüberschreitenden Rechtsformwechsels

A. Begriff des grenzüberschreitenden Rechtsformwechsels

I. Rechtsformwechsel

Der Rechtsformwechsel ist eine Form der Umwandlung von Unternehmen. Ein bestehender Rechtsträger wird dabei in einen Rechtsträger anderer Gesellschaftsform transformiert. An einem Formwechsel ist nur ein Rechtsträger beteiligt. Dieser wechselt unter Wahrung seiner rechtlichen Identität seine Rechtsform.[13] Eine Gesamtrechtsnachfolge findet nicht statt.[14] Die formwechselnde Gesellschaft bleibt Zurechnungsobjekt der bestehenden Rechte und Pflichten.

Der Begriff des Formwechsels wird im deutschen Recht erstmalig im UmwG von 1994 genannt. Er ist gleichzusetzen mit der vormaligen Bezeichnung einer identitätswahrenden Umwandlung nach den §§ 362 ff. AktG a.F. In anderen Mitgliedstaaten der EU wird für den Wechsel der Rechtsform einer Gesellschaft der Begriff der Umwandlung verwendet (engl.: *conversion*; franz.: *transformation*). Dieser ist im Unterschied zur deutschen Terminologie nicht mit dem Überbegriff für die verschiedenen Umwandlungsarten gleichzusetzen, sondern bezeichnet vielmehr das Prinzip des in deutscher Sprache verwendeten Begriffs des Formwechsels.[15] Bei einem Formwechsel bzw. einer Umwandlung im engeren Sinne mit Beteiligung von zwei verschiedenen Rechtsordnungen ist der Begriff europäisch-autonom auszulegen.[16] Die Auslegung erfolgt unabhängig vom nationalen Begriffsverständnis.[17]

---

13 *Meister/Klöcker* in: Kallmayer, § 190 Rn. 6; *Decher* in: Lutter, § 190 Rn. 1; *Kindler* in: MüKoBGB, IntGesR, Rn. 857; *Stratz* in: Schmitt/Hörtnagl/Stratz, § 190 Rn. 2; *Hoffmann* in: MüHdb GesR, IntGesR, § 54 Rn. 1; ausführlich zur Identität des Rechtsträgers *K. Schmidt* in: FS Ulmer, 557, 564 ff.

14 Begr. RegE, BT-Drucks. 12/6699, S. 136; *Stengel* in: Semler/Stengel, § 190 Rn. 4; *Stratz* in: Schmitt/Hörtnagl/Stratz, § 190 Rn. 1; *Thierman* EuZW 2012, 209, 211.

15 *Kindler* EuZW 2012, 888, 889.

16 Vgl. zur europäisch-autonomen Auslegung *Gebauer* in: Gebauer/Wiedmann, Kapitel 4 Rn. 8; *Grundmann*, Rn. 103; *Thierman* EuZW 2012, 209, 211; *Frenzel* EWS 2008, 130, 134; vgl. zur autonomen Auslegung im internationalen Einheitsrecht z.B. Art. 7 CISG.

17 Vgl. allgemein autonomen einheitlichen Auslegung gemeinschaftsrechtlicher Begriffe *Henninger*, S. 280; siehe auch EuGH – Ekro, Slg. 1984, 107, Rn. 11.

Da die Merkmale eines Formwechsels und dessen Wesen jedoch in den meisten Mitgliedstaaten sehr ähnlich sind, kann im Folgenden auf die deutsche Bezeichnung gem. §§ 190 ff. UmwG Bezug genommen werden.[18] Eine europäisch-autonome Auslegung des Formwechselbegriffs würde indes keine wesentlichen Unterschiede mit sich bringen.

II. Grenzüberschreitung

Weiteres Merkmal ist das grenzüberschreitende Element des Rechtsformwechsels. Auch mit Blick auf die Anwendbarkeit der Europäischen Niederlassungsfreiheit gem. Art. 49, 54 AEUV ist ein grenzüberschreitender Bezug notwendig.[19] Reine Inlandssachverhalte sind nicht von der Niederlassungsfreiheit erfasst.[20] Es bedarf der Beteiligung zweier verschiedener Rechtsordnungen innerhalb der EU bzw. des EWR. Der grenzüberschreitende Bezug hängt nicht vom physischen (räumlichen) Wechsel des Staatsgebietes ab.[21] Für den Begriff der Grenzüberschreitung bzgl. eines grenzüberschreitenden Rechtsformwechsels ist allein die Änderung des anwendbaren Gesellschaftsstatuts maßgebend.[22] Nach dem deutschen Umwandlungsrecht kann eine Gesellschaft gem. § 190 Abs. 1 UmwG ihre Rechtsform in eine andere wechseln. Mit Blick auf einen grenzüberschreitenden Formwechsel bedeutet dies jedoch nicht, dass die Zielrechtform im Zuzugsstaat eine andere nationale Gesellschaftsform sein muss. Es wird allein die tatsächliche Änderung der Gesellschaftsform erfasst. Ob es sich dabei um einen Formwechsel in ein der deutschen Gesellschaftsform entsprechendes Pendant handelt, ist unerheblich.[23] Ein möglicher Formwechsel von einer

---

18 Vgl. zum Begriff des Rechtsformwechsels aus nicht-deutscher Sicht *Szydło* ECFR 2010, 414, 415 f.

19 Vgl. zum Erfordernis einer Gemeinschaftsverknüpfung bei der Anwendung der Niederlassungsfreiheit *Teichmann*, Binnenmarktkonformes GesR, S. 76 f.; *Grundmann*, Rn. 180.

20 Vgl. EuGH – Gauchard, Slg. 1987, 4879, Rn. 10 f.; EuGH – Baekert, Slg. 1988, 2029, 11 f.; EuGH – Nino, Slg. 1990, I-3537, Rn. 10 f.; EuGH – Werner, Slg. 1993, I-429, Rn. 16.

21 Vgl. *Bayer/Schmidt* ZHR 173 (2009), 735, 760; siehe auch *W.-H. Roth* in: Dauses, E I Rn. 31; *P. Jung* in: Schwarze, Art. 54 AEUV Rn. 46 f.

22 Vgl. zur grenzüberschreitenden Verschmelzung *Polley* in: Henssler/Strohn, § 122a UmwG Rn. 2.

23 *Hoffmann* in: MüHdb GesR, IntGesR, § 54 Rn. 1; *Wöhlert/Degen* GWR 2012, 432; *Bayer/Schmidt* ZHR 173 (2009), 735, 760; *Lutter/Bayer/Schmidt*, § 6 Rn. 64, mit Verweis auf den Zweck der Niederlassungsfreiheit und dem effet utile des Unionsrechts.

deutschen GmbH in eine französische SARL oder eine englische Ltd. ist somit ebenfalls vom Begriff des grenzüberschreitenden Rechtsformwechsels erfasst.[24] Bei einem grenzüberschreitenden Rechtsformwechsel findet ein Wechsel vom nationalen Gesellschaftsrecht des Heimatstaates (Wegzugsstaat) zum Gesellschaftsrecht des Zuzugsstaates statt.

III. Identitätswahrende statusändernde Satzungssitzverlegung

Bei einem innerstaatlichen Formwechsel geht die Umwandlung in eine andere Rechtsform grundsätzlich ohne die Änderung des in der Satzung der Gesellschaft bestimmten (Register-)Sitzes einher. Formwechsel und Sitzverlegung sind voneinander getrennt und unabhängig.[25] Beim grenzüberschreitenden Rechtsformwechsel stellt sich die Situation anders dar. In fast allen Mitgliedstaaten der EU ist der Satzungssitz (engl.: *registered seat*; franz.: *siège statutaire*) maßgebend für die Anwendung des nationalen Gesellschaftsrechts.[26] Im deutschen Recht ergibt sich dies aus § 4a GmbHG bzw. § 5 AktG. Zur Verwendung einer nationalen Gesellschaftsform bedarf es stets eines sich im Inland befindlichen Satzungssitzes. Kommt es durch einen grenzüberschreitenden Rechtsformwechsel zu einem Wechsel des Gesellschaftsstatuts und damit zur Änderung des auf die Gesellschaft anwendbaren Rechts, braucht es eines sich im Zuzugsstaat liegenden Satzungssitzes.[27] Der im Gesellschaftsvertrag bzw. in der Satzung bestimmte (Register-)Sitz muss demzufolge vom Wegzugsstaat in den Zuzugsstaat verlegt und die Gesellschaft in das entsprechende Register des Zuzugsstaates eingetragen werden. Im Gegensatz zum innerstaalichen Formwechsel, geht ein grenzüberschreitender Rechtsformwechsel daher stets mit einer Verlegung des Satzungssitzes ins Ausland einher.[28]

---

24 Dies gilt nicht bei dem Formwechsel einer supranationalen Gesellschaftsform; siehe dazu S. 5, 39.

25 *Schönhaus/Müller* IStR 2013, 174, 175.

26 Vgl. Kommissionsbegründung zum Vorentwurf einer Sitzverlegungsrichtlinie vom 20.4. 1997, ZIP 1997, 1721 f.; so auch *Schönhaus/Müller* IStR 2013, 174, 175; *Hoffmann* in: MüdHb GesR, IntGesR, § 54 Rn. 1; *Jaensch* in: Keßler/Kühnberger, Vor §§ 190 ff. Rn. 14.

27 *Schön* ZGR 2013, 333, 341, 356; vgl. zum Erfordernis eines inländischen Satzungssitzes *Bayer/Schmidt* ZHR 173 (2009), 735, 745; *Kindler* IPRax 2009, 189, 194.

28 *Hoffmann* in: MüHdb GesR, IntGesR, § 54 Rn. 1, 5; *Bayer/Schmidt* ZHR 173 (2009), 735, 752; *Lutter/Bayer/Schmidt*, § 6 Rn. 59; *Thiermann* EuZW 2012, 209, 211; *Jaensch* in: Keßler/Kühnberger, Vor §§ 190 ff., Rn. 12; *Weller* in: FS Blaurock, 497, 500; *Wicke* GPR 2010, 238, 242; *Heckschen* DNotZ 2007, 444, 453; *Böttcher/Kraft* NJW 2012,

Eine Ausnahme besteht lediglich bei den supranationalen Gesellschaftsformen der EU. Beispielsweiße kann der Satzungssitz einer Societas Europaea (SE) nach Art. 8 Abs. 1 S. 1 SE-VO i.V.m. Art. 6 SE-VO in einen anderen Mitgliedstaat verlegt werden. Dabei ändert sich nicht die Rechtsform der SE, sondern lediglich das auf die Gesellschaft subsidiär anwendbare nationale Recht, dass sich gem. Art. 9 Abs. 1 lit. c) (ii) SE-VO nach dem Satzungssitz der SE richtet.

Die Satzungssitzverlegung muss sowohl identitätswahrend als auch statusändernd erfolgen.[29] Das Wesen eines Formwechsels erfordert es, dass die Identität des Rechtsträgers erhalten bleibt.[30] Dies gilt auch für einen grenzüberschreitenden Rechtsformwechsel.[31] Der identitätswahrende Charakter eines grenzüberschreitenden Formwechsels ergibt sich, unabhängig von der Anwendung nationalen Umwandlungsrechts, aus der europäisch-autonomen Begriffsbestimmung des Rechtsformwechsels.[32]

Ein grenzüberschreitender Rechtsformwechsel geht mit einer Änderung des nationalen Gesellschaftsstatuts einher, ist also statuswechselnd.[33] Durch den Formwechsel in eine Gesellschaftsform ausländischen Rechts und damit der Verlegung des Satzungssitzes in den Zuzugsstaat ändert sich das auf den Rechtsträger anwendbare Recht.[34] Der Rechtsträger wird beispielsweise von einer Gesellschaft deutschen Rechts (z.B. GmbH oder AG) in eine Gesellschaft französischen Rechts (z.B. SARL oder SA) umgewandelt. Auch ein Rechtsformwechsel einer nationalen Gesellschaft in eine nicht dem ausländischen Pendant zu dieser entsprechenden Gesellschaftsform ist hiervon erfasst, z.B. ein Formwechsel einer deutschen GmbH in eine englische plc. Es kommt zu einem Wechsel des

---

2701, 2703; *Mansel/Thorn/Wagner* IPRax 2013, 1, 3; *Hörtnagl* in: Schmitt/Hörtnagl/Stratz, § 1 Rn. 38; *Behrens* ZEuP 2007, 324, 340; *Noack*, Handelsblatt v. 16.07.2012.

29 *Lutter/Bayer/Schmidt*, § 6 Rn. 59; *Bayer/Schmidt* ZIP 2012, 1481, 1485; *dies.* ZHR 173 (2009), 735, 753; *Thiermann* EuZW 2012, 209, 211; *Richter/Heyd* StuW 2010, 367, 368 (Fn. 12); so auch *P. Jung EuZW* 2012, 863, 867; *Mansel/Thorn/Wagner* IPRax 2013, 1, 4.

30 *Kronke* ZGR 1994, 26, 45; *Stengel* in: Semler/Stengel, § 190 Rn. 2.

31 *Jaensch* EWS 2012, 184, 185; *ders* in: Keßler/Kühnberger, Vor §§ 190 ff. Rn. 12; *Thiermann* EuZW 2012, 209, 211; *Wicke* DStR 2012, 1767, 1757.

32 *Thierman* EuZW 2012, 209, 211; allg. zur europäisch-autonomen Auslegung *Gebauer* in: Gebauer/Wiedmann, Kapitel 4 Rn. 8; *Grundmann*, Rn. 103.

33 *Böttcher/Kraft* NJW 2012, 2701, 2703; *Altmeppen/Ego* in: MüKoAktG, Niederlassungsfreiheit, Rn. 333; *Behrens* ZEuP 2007, 324, 340.

34 Vgl. zum Wechsel des Gesellschaftsstatuts bei grenzüberschreitenden Verschmelzungen *Andenas/Wooldridge*, S. 34.

auf die umgewandelte Gesellschaft anzuwendenden Gesellschaftsstatuts. Bei der bloßen Verlegung des Verwaltungssitzes liegt hingegen kein Rechtsformwechsel in eine Gesellschaft ausländischen Rechts vor.[35]

B. Motive und Alternativen

I. Motive für einen grenzüberschreitenden Rechtsformwechsel

Ein grenzüberschreitender Rechtsformwechsel stellt die beteiligte Gesellschaft und deren Organe vor zahlreiche offene Fragen. Sowohl die Zulässigkeit als auch das auf ihn anwendbare Verfahren sind noch nicht abschließend geklärt. Häufig wird sogar gänzlich davon abgeraten einen grenzüberschreitenden Rechtsformwechsel anzustreben[36], da bei diesem beim jetzigen Status quo erhebliche rechtliche Unsicherheiten bestehen.[37] Es stellt sich somit die Frage, vor welchem Hintergrund eine solche Umstrukturierung zielführend sein kann und welche Vorteile sie gegenüber anderen grenzüberschreitenden Gestaltungsvorgängen besitzt.

Bei einem grenzüberschreitenden Rechtsformwechsel sollen die Vorteile sowohl des Prinzips des Formwechsels als auch die Verwendung eines ausländischen Gesellschaftsrechts kumulativ genutzt werden.[38] Die Motive eines Formwechsels unterscheiden sich je nach Art der beteiligten Rechtsträger. Diese können beispielsweise in einer besseren Kapitalbeschaffung durch Gewinnung neuer Kapitalgeber bei einer AG im Vergleich zu einer GmbH, einer flexibleren Organisationsstruktur und der Einsparung von Verwaltungskosten und/oder in steuerlichen Vorteilen liegen.[39] Die Vorteile eines Formwechsels gegenüber anderen

---

35 Vgl. nur die entsprechenden EuGH-Entscheidungen zur Verwaltungssitzverlegung.

36 *Messenzehl/Schwarzfischer* BB 2012, 2072, 2073; *Otte/Rietschel* GmbHR 2009, 983, 988; *Behme* NZG 2012, 936, 939; vgl. für Personengesellschaften *Bärwaldt/Wisniewski* in: Hdb PersonenG, § 9 Rn. 154.

37 *Behme* NZG 2012, 936, 939; *Messenzehl/Schwarzfischer* BB 2012, 2072, 2073; *Leible* in: FS G. Roth, 447, 451; vgl. generell zum Enstehen rechtlicher Unsicherheiten mangels europarechtlicher Vorgaben *Groß* in: Systembildung und Systemlücken, 189, 201.

38 *Grundmann*, Rn. 837; *Weller*, Zentrum für Europäisches WirtschaftsR, S. 8; *ders.* in: FS Blaurock, 497, 505; *Schön* ECFR 2006, 122, 139; *Szydło* ECFR 2010, 414, 416 f.

39 *Messenzehl/Schwarzfischer* BB 2012, 2072; *Weller* in: FS Blaurock, 497, 511 f.; generell zu den Gründen für einen Formwechsel *Stengel* in: Semler/Stengel, § 190 Rn. 5 ff.; *Stratz* in: Schmitt/Hörtnagl/Stratz, Vor §§ 190 ff. Rn. 4 ff.

Umwandlungsvorgängen sind eng damit verbunden, dass es nicht zu einer Gesamtrechtsnachfolge kommt, da die Identität des Ausgangsrechtsträgers durch den Formwechsel nicht tangiert wird.[40] Diesbezüglich können Nachteile, wie der Wegfall öffentlich-rechtlicher Konzessionen, dem Entstehen von Kündigungsrechten bei change-of-control-Klauseln[41] oder dem Anfallen einer Grunderwerbsteuer, vermieden werden.[42] Zusätzlich müssen bei einem Formwechsel die stillen Reserven des Unternehmens nicht aufgedeckt werden.[43] Hauptmotiv ist jedoch die Verwendung ausländischen Rechts als Gestaltungsmöglichkeit innerhalb des EU-Binnenmarktes, ohne dass dabei andere Rechtsträger beteiligt sind.[44]

Mit einem grenzüberschreitenden Rechtsformwechsel kann das mit Blick auf Organisationsstruktur, Kapitalverfassung oder unternehmerische Mitbestimmung vorzugswürdigste nationale (Gesellschafts-)Recht gewählt werden.[45] Das formwechselnde Unternehmen hat die Möglichkeit, sich die für sie passende Gesellschaftsform auszuwählen und damit ein sog. forum- bzw. Rechtsformshopping innerhalb der EU zu betreiben.[46]

II. Alternativen zum grenzüberschreitenden Rechtsformwechsel

Derzeit besteht noch ein hohes Maß an rechtlicher Unsicherheit bezüglich eines grenzüberschreitenden Rechtsformwechsels.[47] Demzufolge kann es durchaus

40 *Kübler* in: Semler/Stengel, § 202 Rn. 17; *Wicke* DStR 2012, 1756, 1759; *Weller* in: FS Blaurock, 497, 511.

41 *Heidinger* in: Henssler/Strohn, § 20 UmwG Rn. 12; *Wicke* DStR 2012, 1756, 1759; *Weller* in: FS Blaurock, 497, 512; *ders.* Zentrum für Europäisches WirtsschaftsR, S. 17.

42 *Teichmann* DB 2012, 2085, 2091; *Schönhaus/Müller* IStR 2013, 174, 176; *Jaensch* in: Keßler/Kühnberger, Vor §§ 190 ff. Rn. 6.; *Messenzehl/Schwarzfischer* BB 2012, 2072.

43 *Wicke* DStR 2012, 1756, 1759; *Schönhaus/Müller* IStR 2013, 174, 177; *Groß* in: Systembildung und Systemlücken, 189, 203.

44 *W.-H. Roth* in: FS Hoffmann-Becking, 965, 991.

45 Umfassend zu den Motiven für grenzüberschreitende Gestaltungen *Bücker* in: Hirte/Bücker, § 3 Rn. 13 ff. (z.B. Abzugsfähigkeit von Finanzierungsaufwendungen, Ausgestaltung von Aktionärsrechten; Flexibilität beim Bezugsrechtsausschluss und Corporate Governance); dazu auch *Teichmann* DB 2012, 2085, 2091; *Esposito*, S. 6 ff.

46 *Messenzehl/Schwarzfischer* BB 2012, 2072; *Andenas/Wooldridge*, S. 34; *Drygala* EuZW 2013, 569, 572; *European Added Value Assessment* 3/2012, S. 20; *Schröder/Fischer* VersR 2013, 686; vgl. zum Wettbewerb der Rechtsordnungen *Esposito*, S. 8 ff.; zum Begriff des „Rechtsform-Shoppings“ *Weller* in: FS Hommelhoff, 1275, 1279 (Fn. 30), 1283.

47 *Behme* NZG 2012, 936, 939; *Messenzehl/Schwarzfischer* BB 2012, 2072, 2073.

sinnvoll sein, Alternativen zu wählen, bei denen weniger rechtliche Unklarheiten herrschen. Beispielsweise besteht die Möglichkeit, eine ausländische Tochtergesellschaft zu gründen und anschließend die Muttergesellschaft grenzüberschreitend nach den §§ 122a ff. UmwG auf diese zu verschmelzen.[48] Im Ergebnis hat sich die deutsche Muttergesellschaft in eine Gesellschaft ausländischen Rechts umgewandelt.[49] Eine weitere Möglichkeit besteht darin, die Ausgangsgesellschaft in eine SE gem. Art. 2 Abs. 4, Art. 37 ff. SE-VO umzuwandeln[50], um nach deren Gründung ihren Satzungssitz gem. Art. 8 SE-VO in einen anderen Mitgliedstaat zu verlegen.[51]

Aufgrund eines zwangsläufig zweistufigen Verfahrens sind damit jedoch zusätzliche Kosten verbunden. Es fallen Gründungskosten sowie die Kosten der Sitzverlegung bzw. grenzüberschreitenden Verschmelzung an.[52] Aus finanzieller Sicht sind diese Gestaltungsvarianten demnach nachrangig gegenüber einem grenzüberschreitenden Rechtsformwechsel zu betrachten.[53] Aufgrund eines zumindest eindeutig gesetzlich geregelten Verfahrensrechts sind sie derzeit dennoch als Alternative zum grenzüberschreitenden Rechtsformwechsel in Betracht zu ziehen.

---

48 *Drygala* EuZW 2013, 569, 571; *Habersack/Verse*, § 3 Rn. 21; *Herrler* EuZW 2007, 295, 299; *Wicke* DStR 2012, 1756, 1759; *ders.* GPR 2010, 238, 240; *Kindler* IPRax 2009, 189, 192; *ders.* NZG 2009, 130, 132.

49 *Drygala* EuZW 2013, 569, 571.

50 Ist die Ausgangsgesellschaft keine Aktiengesellschaft, muss sie sich zuerst nach nationalen Recht in diese umwandeln, da ein Formwechsel in eine SE nur durch eine nationale Aktiengesellschaft mit Register- und Verwaltungssitz in der EU bzw. EWG zulässig ist; siehe dazu *Habersack/Verse*, § 13 Rn. 24.

51 *Wicke* DstR 2012, 1756, 1759; *Leurering*, Zentrum für Europäisches WirtschaftsR, S. 6 f.; *European Added Value Assessment* 3/2012, S. 12 f.

52 *Wicke* DStR 2012, 1756, 1759; *European Added Value Assessment* 3/2012, S. 16; *Schön* ECFR 2006, 122, 144.

53 Vgl. zu den Kostenvorteilen eines grenzüberschreitenden Rechtsformwechsels *Michalski/ Funke* in: Michalski, § 4a Rn. 57; *Arbeitskreis Europäisches UnternehmensR*, These 2, http://iur.duslaw.eu/files /Thesen-Sitzverlegungsrichtlinie-Namensliste_V2.pdf.; *Cathiard*, Annex I, EAVA, 3/2013, S. 38; ausführlich zu den Kosten eines grenzüberschreitenden Rechtsformwechsels *European Added Value Assessment* 3/2012, S. 29 ff.

Teil 3 Zulässigkeit eines grenzüberschreitenden Rechtsformwechsels

A. Einführung

Zunächst bleibt festzuhalten, dass das europäische Recht bislang keine sekundärrechtlichen Regelungen für einen grenzüberschreitenden Rechtsformwechsel bereithält.[54] Die Verlegung des Satzungssitzes ins Ausland ist bisher nur für supranationale Gesellschaftsformen sekundärrechtlich geregelt.[55] Auch im nationalen Recht der Mitgliedstaaten gibt es nur vereinzelte Regelungen, die die Zulässigkeit eines grenzüberschreitenden Rechtsformwechsels bzw. einer identitätswahrenden Satzungssitzverlegung ins Ausland betreffen.[56] Namentlich ist die Zulässigkeit derzeit in Portugal (Art. 3, 97 CSC)[57], Luxemburg (Art. 67-1 LSC)[58], Frankreich (Art. L 223-30 Abs. 1 C.com.)[59] und Spanien (Art. 92 ff. LME)[60] ausdrücklich gesetzlich geregelt.[61] In den anderen Mitgliedstaaten ist ein grenzüberschreitender Rechtsformwechsel nicht ausdrücklich vorgesehen bzw. nach dem Wortlaut der entsprechenden Normen ausgeschlossen.[62]

---

54 *Bayer/Schmidt* ZHR 173 (2009), 735, 753; *Habersack/Verse*, § 3 Rn. 21; Aktionsplan der Europäischen Kommission vom 12.12.2012 (IP 12/1340), S. 13 f.; abrufbar unter: http://europa.eu/rapid/press-release_ IP-12-1340 _de.htm?locale=en.

55 *Marsch-Barner* in: Kallmeyer, Vor §§ 122a-122l Rn. 14; siehe auch Aktionsplan der Europäischen Kommission vom 12.12.2012 (IP 12/1340), S. 14; abrufbar unter: http://europa.eu/rapid/press-release_IP-12-1340 _de. htm? locale=en.

56 *Teichmann* ZIP 2009, 393, 402, *Leible/Hoffmann* BB 2009, 58, 60; *Kronke* ZGR 1994, 26, 29; *Serafimova*, DeLuxe 2013, S. 3; vgl. auch Aktionsplan der Europäischen Kommission vom 12.12.2012 (IP 12/1340), S. 13 f.; abrufbar unter: http:// europa.eu/rapid/press-release_IP-12-1340 _de.htm?locale=en.

57 Vgl. dazu *Stieb* in: Süß/Wachter, S. 1389 Rn. 125 f.; *Weller*, Zentrum für Europäisches WirtschaftsR, S. 27 f.; *Szydło* ECFR 2010, 414, 420.

58 Vgl. dazu *Schwachtgen* in: Süß/Wachter, S. 1187 Rn. 120; *Leuering*, Zentrum für Europäisches WirtschaftsR, S. 2; *Putz* in: Hirte/Bücker, § 8 Rn. 32.

59 Vgl. dazu *Karst* in: Süß/Wachter, S. 907 Rn. 155; *Peifer*, S. 108 Rn. 150 ff.; *Szydło* ECFR 2010, 414, 420.

60 Vgl. dazu *Löber/Lozano/Steinmetz* in: Süß/Wachter, S. 1724 Rn. 309 ff.; *Leible* in: FS G. Roth, 447, 453.

61 Vgl. zur Zulässigkeit bzw. mitgliedstaatlichen Regelungen *Böttcher/Kraft* NJW 2012, 2442, 2445; *Teichmann* ZIP 2009, 393, 402.

62 Hingegen ist neben den bereits genannten Mitgliedstaaten ein grenzüberschreitender Rechtsformwechsel in Belgien, Rumänien und der Tschechischen Republik zulässig; vgl. *Kocks/ Hennes* in: Süß/Wachter, S. 494 Rn. 140 (zu Belgien); *Piuk/Buzdugan* in: Süß/ Wachter, S. 1423 Rn. 138 (zu Rumänien); *Neveselý/Krejsa/Rezniková/Riedlová* in: Vermeylen/Vande Velde, S. 229 Rn. 6.130, 6.137.

Beispielsweise bedarf es nach § 1 Abs. 1 des deutschen UmwG ausdrücklich eines Sitzes im Inland. Ausgangspunkt für die Zulässigkeit eines grenzüberschreitenden Rechtsformwechsels ist die Niederlassungsfreiheit gem. Art. 49, 54 AEUV.[63] Vorliegend werden die Aussagen des EuGH zur Niederlassungsfreiheit daher als Prämisse für die Beurteilung eines grenzüberschreitenden Rechtsformwechsels herangezogen.

Die Niederlassungsfreiheit ist eines der essentiellen Elemente zur Stärkung der Mobilität von Gesellschaften in Europa und damit zur Verwirklichung eines gemeinsamen Binnenmarktes.[64] Sie entfaltet unmittelbare Wirkung zugunsten der in deren Anwendungsbereich fallenden Gesellschaften.[65] Sie steht jedoch in einem gewissen Spannungsverhältnis mit dem nationalen Gesellschaftskollisionsrecht der einzelnen Mitgliedstaaten. Das jeweilige nationale Kollisionsrecht entscheidet über das auf eine Gesellschaft anwendbare Recht und bestimmt somit dessen Gesellschaftsstatut.[66] Hierbei werden grundsätzlich zwei Theorien unterschieden: Die Sitztheorie und die Gründungstheorie.[67] Nach der Sitztheorie[68] knüpft das nationale Gesellschaftsrecht des Staates an den effektiven Verwaltungssitz der Gesellschaft an.[69] Hat eine Gesellschaft, die in einem Staat ansässig ist, wo die Sitztheorie gilt, vor ihren Verwaltungssitz ins Ausland zu verlegen, verliert sie die Anerkennung als Gesellschaft dieses Staates.[70] Nach

---

63 *Hußlein*, S. 30; *Kieninger* RabelsZ 73 (2009), 607, 617.

64 *Lutter/Bayer/Schmidt*, § 6 Rn. 1; *Teichmann* ZGR 2011, 639, 648; *Weller*, Zentrum für Europäisches WirtschaftsR, S. 6; *Schön* ECFR 2006, 122, 134, 144; *W.-H. Roth* in: FS Hoffmann-Becking, 965, 990; *Schröder/Fischer* VersR 2013, 686; *Engert* in: Langenbucher, § 5 Rn. 1; zur Verwirklichung des Binnenmarktes *Kahl* in: Calliess/Ruffert, Art. 26 AEUV Rn. 15 ff.

65 EuGH – Überseering, Slg. 2002, I-9919, Rn. 57; vgl. auch *Weller* in: Gebauer/Wiedmann, Kapitel 21 Rn. 6; *Langenbucher* in: Langenbucher, § 1 Rn. 52; *Hager*, S. 258 Rn. 25.

66 *Grohmann* DZWiR 2009, 322.

67 Vgl. zu den verschiedenen Varianten der Anknüpfungstheorien und vermittelnden Ansätzen *Altmeppen/Ego* in MüKoAktG, Niederlassungsfreiheit, Rn. 35 ff.; *Spahlinger* in: Spahlinger/Wegen, Rn. 64 ff.; *Kindler* in: MüKoBGB, IntGesR, Rn. 359 ff.

68 Überblick mit Staaten, die der Sitztheorie folgen in *Bayer/Schmidt* ZHR 173 (2009), 735, 752; *European Added Value Assessment* 3/2012, S. 14.

69 *Jasper/Wollbrink* in: MüHdb GesR, IntGesR, § 75 Rn. 16 f.; *Ringe* ECFR 2013, 230, 235; *Engert* in: Langenbucher, § 5 Rn. 9; *Windbichler*, § 1 Rn. 19; siehe auch BGHZ 154, 185, 187.

70 *Grohmann* DZWiR 2009, 322, 323; *Wymeersch* CMLR 2003, 661, 667 f.; *Erk* EBLR 2010, 413, 416.

der Gründungstheorie[71] beurteilt sich das auf die Gesellschaft anwendbare Recht allein danach, wo sie gegründet wurde.[72] Es wird auf den Registersitz abgestellt.[73] Eine Gesellschaft kann demnach ihren Verwaltungssitz ins Ausland verlegen, ohne dass sie die Eigenschaft als Gesellschaft des Wegzugsstaates verliert.

Vor diesem Hintergrund ist die Ausgestaltung der Niederlassungsfreiheit von Gesellschaften durch die Rechtsprechung des EuGH zu betrachten.[74] Dies gilt nicht zuletzt auch für die Zulässigkeit eines grenzüberschreitenden Rechtsformwechsels. Die Auslegung der Niederlassungsfreiheit steht dabei allein dem EuGH zu.[75] Was genau unter der Niederlassungsfreiheit zu verstehen ist, wird in Art. 49 AEUV nicht näher konkretisiert.[76] Art. 49 Abs. 2 AEUV spricht lediglich davon, dass die Niederlassungsfreiheit „die Aufnahme und Ausübung selbstständiger Erwerbstätigkeit sowie die Gründung und Leitung von Unternehmen" umfasst. Der Begriff ist somit durchaus weit gefasst.[77]

Für die Beurteilung der Zulässigkeit eines grenzüberschreitenden Rechtsformwechsels aus der Niederlassungsfreiheit bedarf es der Trennung zwischen sog. Wegzugs- und Zuzugsfällen.[78] Wegzugsfälle betreffen die Zulässigkeit eines

---

71 Überblick mit Staaten, die der Gründungstheorie folgen in *Bayer/Schmidt* ZHR 173 (2009), 735, 751 f.; *European Added Value Assessment* 3/2012, S. 14.

72 *Leible* in: FS G. Roth, 447, 450; *Engert* in: Langenbucher, § 5 Rn. 9; *Windbichler*, § 1 Rn. 19; siehe auch BGHZ 154, 185, 190; BGHZ 164, 148, 151; BGHZ 190, 242.

73 *Grohmann* DZWiR 2009, 322, 323; *Erk* EBLR 2010, 413, 417; *Jasper/Wollbrink* in: MüHdb GesR, IntGesR, § 75 Rn. 12 f.; *Leible* in: FS G. Roth, 447, 450; so auch BGHZ 190, 242, wonach auch die Anwendung der Gründungstheorie ferner nicht davon abhängt, ob über den Registersitz hinausgehend ein realwirtschaftlicher Bezug gegeben ist.

74 EuGH – Daily Mail, Slg. 1988, 5483; EuGH – Centros, Slg. 1999, I-1459; EuGH – Überseering, Slg. 2002, I-9919; EuGH – Inspire Art, Slg. 2003, I-10155; EuGH – Sevic, Slg. 2005, I-10805; EuGH – Cartesio, Slg. 2008, I-9641; EuGH – Vale, NJW 2012, 2715; zu steuerrechtlichen Themen mit Bezug zum Gesellschaftsrecht siehe EuGH – Cadbury-Schweppes, Slg. 2006, I-7995; EuGH – National Grid Indus, ZIP 2012, 169; EuGH – Kommission/Spanien, EWS 2013, 206.

75 *Frenzel* EWS 2008, 130, 134; *Forsthoff* in: Hirte/Bücker, § 2 Rn. 34a.

76 *Teichmann* ZGR 2011, 639, 663; *ders.*, Binnenmarktkonformes GesR, S. 77; *ders.* in: FS Hommelhoff, 1213, 1223.

77 *Lutter/Bayer/Schmidt*, § 6 Rn. 58; *Herrler* EuZW 2007, 295, 297; *Geyrhalter/Weber* DStR 2006, 146, 150.

78 Vgl. OLG Nürnberg, Urt. v. 13.2.2012, ZIP 2012, 572, Rn. 51; *Zimmer/Naendrup* NJW 2012, 545, 549; zur Terminologie siehe z.B. *Serafimova*, DeLuxe 2013, S. 2; gegen eine entsprechende Unterscheidung hingegen *Teichmann* in: FS Hommelhoff, 1213, 1234.

Herausformwechsels einer Gesellschaft vom Wegzugsstaat (Heimatstaat), dessen Recht die Gesellschaft vor ihrer Umwandlung unterliegt. Mit Blick auf die Niederlassungsfreiheit stellt sich hierbei die Frage, inwiefern der Wegzugsstaat die Gesellschaft daran hindern kann, sich formwechselnd in eine Rechtsform eines anderen Mitgliedstaates umzuwandeln. Zuzugsfälle hingegen betreffen die Zulässigkeit eines Hereinformwechsels in den Zuzugsstaat (Gaststaat) und die Frage, inwiefern dieser einen formwechselnden Zuzug in sein Land anerkennen muss. Die Unterscheidung zwischen Wegzug und Zuzug einer Gesellschaft wird im Folgenden, mit Blick auf die entsprechenden EuGH-Entscheidungen, beibehalten.

B. Herausformwechsel (Wegzug)

I. Anwendungsbereich der Niederlassungsfreiheit

1. Verlegung des Satzungssitzes ins Ausland

Ein grenzüberschreitender Rechtsformwechsel stellt eine Verlegung des Satzungssitzes der Gesellschaft ins Ausland dar.[79] Eine Satzungssitzverlegung ist dabei von der Verlegung nur des Verwaltungssitzes[80] der Gesellschaft zu unterscheiden. Bei einer Satzungssitzverlegung ins Ausland kommt es zu einem Wechsel des Gesellschaftsstatuts.[81] Dies gilt sowohl nach der Gründungs- als auch der Sitztheorie.[82] In verschiedenen EuGH-Entscheidungen wurde eine Satzungssitzverlegung ins Ausland aus Sicht des Wegzugsstaates direkt oder auch

79 *Hoffmann* in: MüHdb GesR, IntGesR, § 54 Rn. 1, 5; *Bayer/Schmidt* ZHR 173 (2009), 735, 752; *Lutter/Bayer/Schmidt*, § 6 Rn. 59; *Thiermann* EuZW 2012, 209, 211; *Jaensch* in: Keßler/Kühnberger, Vor §§ 190 ff., Rn. 12; *Weller* in: FS Blaurock, 497, 500; *Wicke* GPR 2010, 238, 242; *Heckschen* DNotZ 2007, 444, 453; *Böttcher/Kraft* NJW 2012, 2701, 2703.

80 Der Verwaltungssitz wird vom EuGH auch als „wahrer Sitz" (engl.: *real seat*; franz.: *siège réel*; span.: *sede real*) bezeichnet.

81 *Leible* in: FS G. Roth, 447, 452; in den Niederlanden ist eine Satzungssitzverlegung ins Ausland ohne Änderung des niederländischen Gesellschaftsstatuts allerdings möglich, siehe dazu *Rademakers/de Vries* in: Süß/Wachter, S. 1258 Rn. 337; so auch de lege ferenda für Deutschland *Eidenmüller* JZ 2004, 24, 32; *Schön* ECFR 2006, 122, 139; *ders.* ZGR 2013, 333, 356.

82 *Leible* in: FS G. Roth, 447, 452; *Schön* ZGR 2013, 333, 357; *Kieninger* RabelsZ 73 (2009), 607, 617 f.

indirekt angesprochen.[83] Die Beurteilung der Zulässigkeit eines grenzüberschreitenden Herausformwechsels in einen anderen Mitgliedstaat wird daher vorliegend anhand der einschlägigen EuGH-Entscheidungen zur Niederlassungsfreiheit beurteilt.

Es ist zu prüfen, ob danach ein Herausformwechsel in den Anwendungsbereich der Niederlassungsfreiheit fällt, d.h. ob sich die betroffene Gesellschaft bei Interventionen seitens ihres Heimatstaates auf diese berufen kann. Maßgeblich zur Klärung dieser Frage trägt das obiter dictum des EuGH in der Rs. Cartesio[84] bei. Obiter dicta sind Rechtsausführungen eines Gerichts, die für den konkret zu entscheidenden Sachverhalt nicht entscheidungserheblich sind.[85] Aufgrund ihrer sachlichen Überzeugungskraft sind auch sie für die Mitgliedstaaten verbindlich.[86] Primär ging es im Fall Cartesio um die Verlegung der tatsächlichen Tätigkeit einer Gesellschaft, also um die des Verwaltungssitzes. Hierzu entschied der EuGH, dass die Verlegung des Verwaltungssitzes in einen anderen Mitgliedstaat unter Beibehaltung des inländischen Gesellschaftsstatuts nicht durch die Europäische Niederlassungsfreiheit geschützt ist.[87] Mit Verweis auf die Daily Mail-Entscheidung[88] begründete er dies damit, dass das Anknüpfungsmerkmal einer Gesellschaft allein Sache der Mitgliedstaaten ist und damit eine „Vorfrage, die nach gegenwärtigen Stand des Gemeinschaftsrechts nur nach geltenden nationalem Recht bestimmt werden kann".[89] Ferner traf der EuGH in seinem obiter dictum eine konkrete Aussage darüber, wie sich die Lage bei einer Verlegung des Satzungssitzes der Gesellschaft in einen anderen Mitgliedstaat darstellen

83 Vgl. EuGH – Daily Mail, Slg. 1988, 5483, Rn. 21 ff.; EuGH – Sevic, Slg. 2005, I-10805, Rn. 19; EuGH – Cartesio, Slg. 2008, I-9641, Rn. 111 ff.; EuGH – Vale, NJW 2012, 2715, Rn. 30 ff.

84 EuGH, Urt. v. 16.12.2008 - C-210/06, Slg. 2008, I-9641 – Cartesio.

85 Vgl. zu Begriff und Funktion eines obiter dictums *Müller/Christensen*, S. 304, Rn. 381; *Neuner* in: Riesenhuber, § 13 Rn.10; *Bydlinski*, S. 513; *Ahmling*, S. 71, 136 f.; *Hager*, S. 96 f. Rn. 28 ff.

86 *Hager*, S. 97 Rn. 29; für eine formale Unverbindlichkeit von obiter dicta hingegen *Kindler* IPRax 2009, 189, 192, 194

87 EuGH – Cartesio, Slg. 2008, I-9641, Rn. 109, EuGH – Daily Mail, Slg. 1988, 5483, Rn. 19.

88 EuGH, Urt. v. 27.09.1988 - 81/87, Slg. 1988, 5483 – Daily Mail.

89 EuGH – Cartesio, Slg. 2008, I-9641, Rn. 109, EuGH – Daily Mail, Slg. 1988, 5483, Rn. 19; siehe auch *Grundmann*, Rn. 789, *Lutter/Bayer/Schmidt*, § 6 Rn. 41; *Bayer/Schmidt* ZHR 173 (2009), 735, 755; *dies.* BB 2010, 387, 391; *Triebel/von Hase* BB 2003, 2409, 2410; *Wohlrab* GPR 2012, 316, 317; *W.-H. Roth* in: FS Hoffmann-Becking, 965, 972 f.

würde.[90] Verlegt eine Gesellschaft ihren Satzungssitz in einen anderen Mietgliedstaat, unter Umwandlung in eine Gesellschaftsform eines anderen Mitgliedstaates, ist dies vom Schutzbereich der Niederlassungsfreiheit erfasst.[91] Diese ausdrückliche Klarstellung, dass, wenn eine Gesellschaft ihren Satzungssitz unter Änderung ihrer bisherigen nationalen Rechtform verlegen will, die Niederlassungsfreiheit betroffen ist, stellt eine eindeutige Änderung zur bisherigen EuGH-Rechtsprechung zum grenzüberschreitenden Rechtsformwechsel bzw. zu einer Satzungssitzverlegung ins Ausland dar.[92]

Nach der Daily Mail-Entscheidung erfasste die Niederlassungsfreiheit weder die Verwaltungs- noch die Satzungssitzverlegung ins Ausland.[93] Der EuGH betonte, dass die Verlegung *auch* des Satzungssitzes ein Problem ist, dass „beim derzeitigen Stand nicht durch die Bestimmungen der Niederlassungsfreiheit gelöst werden kann“.[94] Diese Auffassung ist durch das obiter dictum aus Cartesio überholt und grundsätzlich nicht mehr gültig.[95] Ein Herausformwechsel einer Gesellschaft ist somit grundsätzlich von der Niederlassungsfreiheit erfasst und fällt in deren Anwendungsbereich.[96]

---

90 *Lutter/Bayer/Schmidt*, § 6 Rn. 59; *Bayer/Schmidt* ZHR 173 (2009), 735, 752; mit der Einschränkung, dass auch gleichzeitig der Verwaltungssitz verlegt wird *Leible/Hoffmann* BB 2009, 58, 62.

91 EuGH – Cartesio, Slg. 2008, I-9641, Rn. 111; vgl. auch *Verse* EuZW 2013, 336 f.; *Bayer/Schmidt* ZHR 173 (2009), 735, 756; *Teichmann* ZIP 2009, 983, 985; *Schmidt-Kessel* GPR 2009, 26, 29; *Otte/Rietschel* GmbHR 2009, 983, 985; *Richter/Heyd* StuW 2010, 367, 368.

92 *Verse* EuZW 2013, 336 f.; nach Auffassung von *Kindler* (jedoch ohne ausführliche, überzeugende Begründung) ist das obiter dictum aus Cartesio formal nicht verbindlich, so dass Wegzugsbeschränkungen auch bei einer Satzungssitzverlegung weiterhin zulässig bleiben, *Kindler* IPRax 2009, 189, 192, 194 (mit Verweis auf EuGH – Überseering, Slg. 2002, I-9919, Rn. 60 ff.); *ders.* in: MüKoBGB, IntGesR, Rn. 510 (mit Verweis auf OLG München, Urt. v. 4.10.2007, ZIP 2007, 2124).

93 *Schön* ECFR 2006, 122, 139 f.; *ders.* ZGR 2013, 333, 342; *Andenas/Wooldridge*, S. 496.

94 EuGH – Daily Mail, Slg. 1988, 5483, Rn. 21 ff.; zur Kritik an der Daily Mail Entscheidung siehe *Lutter* ZGR 1994, 87, 90 f.; die Entscheidung Cartesio befürwortend *Kindler* NZG 2009, 130.

95 Dies wurde z.T. auch schon aus der Sevic-Entscheidung des EuGH gefolgert, vgl. auch *Geyrhalter/Weber* DStR 2006, 146, 150; *Teichmann* ZIP 2006, 355, 362; für eine Beschränkung auf Herausumwandlungen jedoch *Spahlinger/Wegen* NZG 2006, 721, 725; *Kuntz* IStR 2006, 224, 226; *Kindler* DK 2006, 811, 816.

96 *Bayer/Schmidt* ZHR 173 (2009), 735, 756; *Teichmann* ZIP 2009, 983, 985;*Schmidt-Kessel* GPR 2009, 26, 29; *Zimmer/Naendrup* NJW 2009, 545, 547; bereits vor der Cartesio-Entscheidung *Herrler* EuZW 2007, 295, 298 f.; *Paefgen* GmbHR 2004, 463, 471; wohl auch *Lutter/Drygala* JZ 2006, 770, 772; mit Berufung auf die Unverbindlichkeit des

2. Isolierte Satzungssitzverlegung

Unter einer isolierten Satzungssitzverlegung ist die Verlegung nur des Registersitzes der Gesellschaft, ohne zusätzliche Verlegung des Verwaltungssitzes, zu verstehen.[97] Hierbei stellt sich die Frage, inwiefern ein Herausformwechsel auch dann vom Anwendungsbereich der Niederlassungsfreiheit erfasst ist, wenn lediglich der Satzungssitz der Gesellschaft verlegt werden soll, und ob der Wegzugstaat befugt ist, der formwechselnden Gesellschaft Beschränkungen aufzuerlegen.

Diesbezüglich ist das obiter dictum des EuGH in der Rechtssache Vale[98] heranziehen. Der Fall Vale betraf eigentlich einen grenzüberschreitenden Hereinformwechsel und die Frage, inwiefern eine nationale Rechtsordnung die Eintragung einer Satzungssitzverlegung in ihr Hoheitsgebiet untersagen kann. Es ging demzufolge um einen Zuzugsfall. Das entsprechende obiter dictum[99] ist jedoch ebenso für Wegzugskonstellationen von Bedeutung.[100] Darin wird auf den Begriff einer „Niederlassung" i.S.d. Art. 49, 54 AEUV eingegangen und inwiefern diese Begriffsbestimmung Auswirkungen auf die Anwendung der Niederlassungsfreiheit bezüglich eines grenzüberschreitenden Rechtsformwechsels hat.[101]

Der Begriff einer Niederlassung ist nicht ausdrücklich definiert. Es obliegt dem EuGH diesen auszulegen. Er führt aus, dass eine Niederlassung die „tatsächliche Ausübung einer wirtschaftlichen Tätigkeit mittels einer festen Einrichtung im Aufnahmestaat auf unbestimmte Zeit impliziere".[102] Eine Niederlassung setzt

---

obiter dictums und die generelle Gültigkeit von Wegzugsbeschränkungen a.A. *Kindler* NZG 2009, 130, 131; *ders.* IPRax 2009, 189, 192, 194.

97 Vgl. zum Begriff *Schön* ZGR 2013, 333, 358; *W.-H. Roth* in: FS Hoffmann-Becking, 965, 994.

98 EuGH, Urt. v. 12.7.2012, Rs. C-378/10, NJW 2012, 2715 – Vale.

99 EuGH – Vale, NJW 2012, 2715, Rn. 34.

100 Vgl. zur Bedeutung des Vale-Urteils auch für einen Herausformwechsel *Schön* ZGR 2013, 333, 358 f.; *Pabst* GPR 2013, 171, 173.

101 Nach *Drygala* EuZW 2013, 569, 574 bringt das obiter dictum der Vale-Entscheidung erhebliche Unklarheiten mit sich und ist nur schwer handhabbar.

102 EuGH – Vale, NJW 2012, 2715, Rn. 34 mit Verweis auf EuGH – Cadbury-Schweppes, Slg. 2006, I-7995, Rn. 54 und EuGH – Factortame I, Slg. 1991, I-3905, Rn. 20; um von der Niederlassungsfreiheit geschützt zu werden, muss eine Gesellschaftsgründung „mit einer tatsächlichen Ausübung zusammenhängen, deren Zweck darin besteht, wirklichen wirtschaftlichen Tätigkeiten im Aufnahmestaat nachzugehen" (EuGH – Cadbury-Schweppes, Rn. 66); siehe auch *G. Roth* EuZW 2010, 607, 608.

demnach die tatsächliche Ansiedlung einer Gesellschaft und die Ausübung einer „wirklichen wirtschaftlichen Tätigkeit“ voraus.[103] Aus dieser, vom EuGH in seinen jüngeren Entscheidungen[104], immer wieder gebrauchten Definition des Begriffs einer Niederlassung lässt sich schließen, dass eine Verlegung lediglich des Satzungssitzes in einen anderen Mitgliedstaat nicht in den Anwendungsbereich der Niederlassungsfreiheit fällt.[105] Die teilweise, mit Berufung auf die Cadbury-Schweppes-Entscheidung[106], vertretene Ansicht, die Voraussetzung der Entfaltung einer wirtschaftlichen Tätigkeit auf die Rechtfertigungsebene zu verschieben, ist nicht zu teilen.[107] Es handelt sich vielmehr um die Interpretation des Tatbestandsmerkmals der Niederlassung und damit und eine Frage des sachlichen Anwendungsbereichs der Art. 49, 54 AEUV.[108]

Eine isolierte Satzungssitzverlegung ins Ausland kann vom Wegzugsstaat verboten werden, ohne dass dabei die Niederlassungsfreiheit tangiert ist.[109]

Der Begriff der Niederlassung knüpft vielmehr an den Verwaltungssitz an, so dass für die Anwendbarkeit der Niederlassungsfreiheit bezüglich eines Herausformwechsels der Satzungs- und der Verwaltungssitz gemeinsam verlegt werden müssen.[110] Dem Wegzugsstaat steht es gleichwohl offen, auch eine isolierte Satzungssitzverlegung zuzulassen. Allein dieser Vorgang ist dann nicht von der Niederlassungsfreiheit erfasst. Die betreffende Gesellschaft kann sich somit bei

---

103 EuGH – Vale, NJW 2012, 2715, Rn. 34.

104 Vgl. EuGH – Cadbury-Schweppes, Slg. 2006, I-7995, Rn. 54; EuGH – Sevic, Slg. 2005, I-10805, Rn. 18 f.; EuGH – Vale, NJW 2012, 2715, Rn. 34.

105 *Böttcher/Kraft* NJW 2012, 2701, 2703; *Mörsdorf/Jopen* ZIP 2012, 1398, 1399; *Mörsdorf* CMLR 2012, 629, 634; *Wohlrab* GPR 2012, 316, 317; *Werdnik* RWZ 2012, 317, 318; *Pabst* GPR 2013, 171, 173 f.

106 EuGH – Cadbury-Schweppes, Slg. 2006, I-7995, Rn. 54, wo das Bedürfnis einer wirklichen wirtschaftlichen Tätigkeit auf der Rechtfertigungsebene geprüft wurde.

107 *Mansel/Thorn/Wagner* IPRax 2013, 1, 5; *G. Roth* ZIP 2012, 1744; so jedoch Drygala EuZW 2013, 569, 570; *Bayer/Schmidt* ZIP 2012, 1481, 1486; *dies.* BB 2013, 3, 9; *Böttcher/Kraft* NJW 2012, 2701; i.E. auch *Behme* NZG 2012, 936, 939

108 *Kindler* in: MüKoBGB, IntGesR, Rn. 128; *G. Roth* ZIP 2012, 1744; ausdrücklich a.A. *Drygala* EuZW 2013, 569, 570.

109 *G. Roth* ZIP 2012, 1744; *Leible* in: FS G. Roth, 447, 455; *Wohlrab* GPR 2012, 316, 317; *Schön* ZGR 2013, 333, 358; *Bollacher* RIW 2012, 717, 718; einschränkend auf Mitgliedstaaten, die der Sitztheorie folgen *Bayer/Schmidt* ZIP 2012, 1481, 1486; *dies.* BB 2013, 3, 9; ohne Begründung gegen diesbzgl. Beschränkungen des Wegzugstaates *Kieninger* RabelsZ 73 (2009), 607, 618.

110 *Böttcher/Kraft* NJW 2012, 2701, 2703; *Kindler* EuZW 2012, 888, 891 ff.; *Leible* in: FS G. Roth, 447, 455.

Beschränkungen grundsätzlich nicht auf diese berufen. Das obiter dictum aus der Entscheidung Cartesio steht dem ebenfalls nicht entgegen. Denn auch darin wurde festgestellt, dass die Niederlassungsfreiheit nur betroffen ist, wenn neben dem Verwaltungs- auch der Satzungssitz ins Ausland verlegt werden soll.[111] Schon daraus wurde z.T. gefolgert, dass eine isolierte Satzungssitzverlegung ins Ausland nicht von der Niederlassungsfreiheit erfasst ist.[112] Auch Art. 54 Abs. 1 AEUV, wonach Satzungs- und Verwaltungssitz als gleichwertig anzusehen sind[113], ist mit dieser Interpretation vereinbar. Dabei handelt es sich um die Anknüpfung einer Gesellschaft zum Recht eines Mitgliedstaates, folglich um die Zurechnung einer Gesellschaft zu dessen Recht und nicht was unter den Begriff einer Niederlassung zu verstehen ist.

Vereinzelt wurde als Einwand gegen diese Auslegung des Niederlassungsbegriffs aufgeführt, dass es sich bei der in Bezug genommenen EuGH-Entscheidung in der Rs. Cadbury-Schweppes[114] um einen steuerrechtlichen Sachverhalt handelt, der nicht ohne Weiteres auf gesellschaftsrechtliche Konstellationen übertragen werden kann.[115] Dem ist jedoch nicht zuzustimmen.[116] Zum einen wurde durch die Vale-Entscheidung diese Begriffsauslegung ausdrücklich auch auf gesellschaftsrechtliche Fallgestaltungen übertragen. Zum anderen muss der EuGH bei der Interpretation von Begriffen bestrebt sein, eine einheitliche Auslegung herauszubilden, so dass der Begriff der Niederlassung grundsätzlich nicht unterschiedlich, in Anhängigkeit vom jeweiligen Sachverhalt, verstanden werden kann.[117] Trotz der Tatsache, dass gleich lautende Bezeichnungen im Steuerrecht auch eine andere Bedeutung haben können als im Gesellschaftsrecht[118], ist aus Sicht einer funktionalen Begriffsbestimmung eine

---

111 Vgl. EuGH – Cartesio, Slg. 2008, I-9641, Rn. 111 f.

112 *G. Roth* EuZW 2010, 607; *Zimmer/Naendrup* NJW 2009, 545, 548; *Leible/Hoffmann* BB 2009, 58, 62; *Däuble/Heuschmidt* NZG 2009, 493, 494; zweifelnd auch *Teichmann* in: FS Hommelhoff, 1213, 1215.

113 Vgl. EuGH – Commerzbank, Slg. 1993, I-4017, Rn. 13; *Teichmann* ZGR 2011, 639, 661; *ders.* in: FS Hommelhoff, 1213, 1216.

114 EuGH, Urt. v. 12.09.2006, Rs. C-196/04, Slg. 2006, I-7995 – Cadbury-Schweppes.

115 So *Habersack/Verse*, § 3 Rn. 18; *Teichmann* ZGR 2011, 639, 669; *ders.* in: FS Hommelhoff, 1213, 1224; wohl auch *Drygala* EuZW 2013, 569, 574.

116 Ebenfalls *G. Roth* EuZW 2010, 607, 611; *ders.* ZIP 2012, 1744.

117 *G. Roth* EuZW 2010, 607, 611; *ders.* ZIP 2012, 1744; *Pabst* GPR 2013, 171, 173; wohl auch *Kindler* EuZW 2012, 888; a.A. *Drygala* EuZW 2013, 569, 573.

118 Vgl. zur Unterschiedlichen Bedeutung von Begriffen in verschiedenen Rechtsgebieten *Henninger*, S. 280

differenzierte Betrachtung bzgl. des Begriffs einer Niederlassung daher nicht geboten.[119] Dafür spricht auch, dass es sich schon bei der Daily Mail Entscheidung des EuGH[120] eigentlich um eine steuerrechtliche Fallgestaltung handelte, die auf diesbezügliche gesellschaftsrechtliche Themen übertragen wurde.

Es bleibt festzuhalten, dass ein grenzüberschreitender Rechtformwechsel, bei dem nur der Satzungssitz ins Ausland verlegt werden soll, nicht von der Niederlassungsfreiheit erfasst ist.[121] Der Wegzugsstaat kann demzufolge Beschränkungen auferlegen.[122] Ist bei einem grenzüberschreitenden Rechtsformwechsel hingegen sowohl die Verlegung des Satzungs- als auch des Verwaltungssitz beabsichtigt, ist der Schutzbereich der Niederlassungsfreiheit eröffnet.

II. Beschränkung der Niederlassungsfreiheit

Damit sich die formwechselnde Gesellschaft bei Maßnahmen des Wegzugsstaates auf einen Verstoß gegen die Niederlassungsfreiheit berufen kann, bedarf es eines Eingriffs in deren Schutzbereich. Sofern durch einen Herausformwechsel der Schutzbereich der Niederlassungsfreiheit betroffen ist, ist daher zu prüfen, ob auch ein Eingriff in diesen durch den Wegzugsstaat vorliegt. Dies wird maßgeblich vom Prinzip der Inländergleichbehandlung bestimmt.[123] Danach dürfen bei vergleichbaren Sachverhalten ausländische Gesellschaften gegenüber inländischen nicht grundlos schlechter behandelt werden. Kommt es zu einer unterschiedlichen Behandlung, liegt eine Beschränkung vor. Beschränkungen sind nach Art. 49 Abs. 1 S. 1 AEUV grundsätzlich verboten. Auch wenn es bei einem grenzüberschreitenden Rechtsformwechsel originär keine ausländische Gesellschaft gibt, die schlechter behandelt werden könnte, gilt das Prinzip der Inlän-

119 *G. Roth* EuZW 2010, 607, 609, 611; *ders.* ZIP 2012, 1744; *Wohlrab* GPR 2012, 316, 317; vgl. generell zum Erfordernis eines weiten funktionalen Ansatzes im Niederlassungsrecht *Grundmann* in: Systembildung und Systemlücken, 1, 28.

120 EuGH – Daily Mail, Slg. 1988, 5483.

121 So ausdrücklich auch *Leible* in: FS G. Roth, 447, 455; *Kußmann/Richter/Ruiner* EWS 2009, 1, 9.

122 *Wohlrab* GPR 2012, 316, 317; *W.-H. Roth* in: Europäische Auslandsgesellschaften, 379, 401.

123 *W.-H. Roth* in: Dauses, Kapitel E I Rn. 81; *Habersack/Verse*, § 3 Rn. 3; *Teichmann*, Binnenmarktkonformes GesR, S. 158; *Serafimova*, DeLuxe 2013, S. 4; *Mansel/Thorn/Wagner* IPRax 2013, 1, 3.

dergleichbehandlung entsprechend, da zumindest nachgelagert eine ausländische Rechtsordnung am Vorgang eines Herausformwechsels beteiligt ist. Es handelt sich somit nicht um einen reinen Inlandssachverhalt.[124] Für eine Beschränkung bedeutet dies, dass ein inländischer Formwechsel, vorbehaltlich etwaiger Rechtfertigungsgründe, vom Wegzugsstaat nicht grundlos günstiger behandelt werden darf als ein Formwechsel in einen anderen Mitgliedstaat.

Inwiefern eine Beschränkung durch den Wegzugsstaat vorliegt, ist maßgeblich anhand des obiter dictums des EuGH in der Rs. Cartesio zu beurteilen. Danach darf der Wegzugsstaat eine Gesellschaft nicht daran hindern, sich in eine Gesellschaftsform eines anderen Mitgliedstaates umzuwandeln, soweit dies nach diesem Recht möglich ist.[125] Eine diesbezügliche Behinderung stellt eine Beschränkung der Niederlassungsfreiheit dar, die nur durch zwingende Gründe des Allgemeininteresses gerechtfertigt werden kann.[126] Demnach darf ein Herausformwechsel insbesondere nicht durch die Auflösung und Liquidation der Gesellschaft[127] sanktioniert werden.[128]

Eine Beschränkung liegt jedoch nur dann vor, wenn nach der Rechtsordnung des Zielrechtsträgers ein Formwechsel möglich ist („soweit dies nach diesem Recht möglich ist“).[129] Damit ist allerdings nicht gemeint, dass der Zuzugsstaat frei darüber entscheiden kann, ob er generell einen grenzüberschreitenden Rechts-

---

124 *Weller* in: FS Blaurock, 497, 512; *ders.*, Zentrum für Europäisches WirtschaftsR, S. 17.; aufgrund dessen, dass ursprünglich nur eine Rechtordnung beteiligt ist a.A. *Spahlinger/ Wegen* NZG 2006, 721, 725; *Krause/Kulpa* ZHR 171 (2007), 38, 47; *Kuntz* IStR 2006, 224, 226; *Siems* EuZW 2006, 135, 140 (jedoch jeweils vor den EuGH-Entscheidungen Cartesio und Vale).

125 EuGH – Cartesio, Slg. 2008, I-9641, Rn. 112.

126 EuGH – Cartesio, Slg. 2008, I-9641, Rn. 112.

127 Vgl. OLG München, Urt. v. 4.10.2007 – 31 Wx 36/07, ZIP 2007, 2124; OLG Zweibrücken, Urt. v. 27.9.2005 – 3 W 170/05, DB 2005, 2293; OLG Brandenburg, Urt. v. 30. 11.2004 – 6 Wx 4/04, ZIP 2005, 489; BayObLG, Urt. v. 11.2.2004 – 3 Z BR 175/03, ZIP 2004, 806; OLG Düsseldorf, Urt. v. 26.3.2001 – 3 Wx 88/01, ZIP 2001, 2183.

128 *Habersack/Verse*, § 3 Rn. 21; *Bayer/Schmidt* ZHR 173 (2009), 735, 762; *Hoffmann* in: NomosBGB, AT, Art. 12 EGBGB Rn. 193; a.A. *Kindler* NZG 2009, 130, 131 f. (mit Verweis auf die Unverbindlichkeit des obiter dictums und die Entscheidung des OLG München, Urt. v. 4.10.2007, ZIP 2007, 2124); *ders.* in: MüKoBGB, IntGesR, Rn. 532.

129 EuGH – Cartesio, Slg. 2008, I-9641, Rn. 112 a.E.

formwechsel zulässt.[130] Vielmehr soll damit zum Ausdruck gebracht werden, dass, wenn ein Mitgliedstaat einen innerstaatlichen Formwechsel zulässt, er dies ebenfalls für einen Grenzüberschreitenden tun muss.[131] Dies ergibt sich aus den EuGH-Entscheidungen Sevic und Vale.[132] Für eine Beschränkung der Niederlassungsfreiheit seitens des Wegzugsstaats ist es somit ausreichend, dass in diesem nationale Regelungen bestehen, die einen innerstaatlichen Formwechsel regeln und ein entsprechender grenzüberschreitender Sachverhalt demgegenüber benachteiligt wird. Im Gegensatz zu anderen Umwandlungsarten wie Verschmelzung und Spaltung[133], gibt es für einen innerstaatlichen Rechtsformwechsel allerdings keine europäisch-sekundärrechtlichen Vorgaben für dessen generelle Zulässigkeit.[134] Dennoch wird dieser in den meisten Mitgliedstaaten bekannt sein und entsprechende nationale Regelungen bestehen. Der Einschränkung des obiter dictums der Cartesio-Entscheidung kommt somit keine inhaltliche Bedeutung mehr zu.[135]

Bei einem grenzüberschreitenden Herausformwechsel liegt eine Beschränkung der Niederlassungsfreiheit seitens des Wegzugsstaates insbesondere dann vor, wenn dieser die Auflösung und Liquidation der Gesellschaft anordnet, er die Eintragung des Verlegungsbeschlusses verweigert oder sonstige unangemessenen Maßnahmen vorschreibt, die einen grenzüberschreitenden Rechtsformwechsel im Vergleich zu einem innerstaatlichen Rechtsformwechsel erschweren.[136]

---

130 *Bayer/Schmidt* ZHR 173 (2009), 735, 759; *Thiermann* EuZW 2012, 209; *Richter/Heyd* StuW 2010, 367 f.; *Rademakers/de Vries* in: Süß/Wachter, S. 1234 Rn. 211; eindeutig auch EuGH – Vale, NJW 2012, 2715, Rn. 32.

131 *Teichman* ZIP 2009, 393, 402; *Bayer/Schmidt* ZHR 173 (2009), 735, 759; *dies.* ZIP 2012, 1481, 1490; *Schön* ZGR 2013, 333, 343; *Mansel/Thorn/Wagner* IPRax 2013, 1, 3; wohl auch *Frenzel* EWS 2009, 158, 160; *Thierman* EuZW 2012, 209; *Mörsdorf* EuZW 2009, 97, 100; *Otte/Rietschel* GmbHR 2009, 983, 984 f.

132 EuGH – Sevic, Slg. 2005, I-10805, Rn. 19; EuGH – Vale, NJW 2012, 2715, Rn. 32.

133 Richtlinie 2011/35/EU (Verschmelzungs-RL), Richtlinie 82/891/EWG (Spaltungs-RL).

134 Vgl. auch *Habersack/Verse*, § 3 Rn. 21; *Ege/Klett* DStR 2012, 2442.

135 *Bayer/Schmidt* ZIP 2012, 1481, 1490.

136 *Braun* DZWiR 2012, 411, 413; *Teichmann* DB 2012, 2085, 2090; *Schön* ZGR 2013, 333, 345.

III. Rechtfertigung einer Beschränkung

Beschränkungen können durch zwingende Gründe des Allgemeininteresses gerechtfertigt werden.[137] Solche sind insbesondere der Schutz der Interessen von Gläubigern, Minderheitsgesellschaftern und Arbeitnehmern, sowie die Wahrung der Wirksamkeit der Steueraufsicht und der Lauterkeit des Handelsverkehrs.[138] Damit dadurch eine Beschränkung der Niederlassungsfreiheit gerechtfertigt werden kann, müssen sie zur Erreichung der verfolgten Ziele geeignet sein und nicht über das hinausgehen, was dazu erforderlich ist.[139] Das nationale Gesellschaftsrecht darf daher keine Regelungen enthalten, die die Ausübung der Niederlassungsfreiheit behindern oder weniger attraktiv machen.[140] Wie genau zwingende Gründe des Allgemeininteresses ausgestaltet und angewandt werden sollen, sagt der EuGH jedoch nicht. Insbesondere eine Abwägung, ob die mitgliedstaatlichen Maßnahmen zum Schutz der o.g. Interessen erforderlich sind, verbleibt daher, bis es zu weiteren konkretisierenden Aussagen des EuGH gekommen ist, den Mitgliedstaaten überlassen. Diese laufen dabei allerdings Gefahr, dass deren Einschätzungen in einem etwaigen Verfahren nicht vom EuGH geteilt werden, da nur dieser final über die Vereinbarkeit einer nationalen Maßnahme mit der Europäischen Niederlassungsfreiheit entscheidet. Die Ansichten der Mitgliedstaaten finden zwar Beachtung, sind aber nicht zwingend entscheidungsrelevant. Die Mitgliedstaaten dürfen jedoch ein angemessenes Schutzsystem mit den mit einem Herausformwechsel einhergehenden Gefahren etablieren, solange dieses verhältnismäßig angewandt wird.[141]

---

137 Vgl. zur Rechtfertigungsbedürftigkeit von Beschränkungen der Niederlassungsfreiheit *Teichmann*, Binnenmarktkonformes GesR, S. 168 ff.

138 Vgl. EuGH – Vale, NJW 2012, 2715, Rn. 39; EuGH – Sevic, Slg. 2005, I-10805, Rn. 28; EuGH – Überseering, Slg. 2002, I-9919, Rn. 92; EuGH – Inspire, Slg. 2003, I-10155, Rn. 132.

139 EuGH – Gebhard, Slg. 1995, I-4165, Rn. 37; EuGH – CaixaBank France, Slg. 2004, I-8961, Rn. 17; siehe auch EuGH – Sevic, Slg. 2005, I-10805, Rn. 28 f.; EuGH – Vale, NJW 2012, 2715, Rn. 39.

140 EuGH – Gebhard, Slg. 1995, I-4165, 6. Leitsatz.

141 *Lutter/Bayer/Schmidt*, § 6 Rn. 61 f.; *Bayer/Schmidt* ZHR 173 (2009), 735, 757 f. mit Bezug zu den Schutzmechanismen der SE-VO und der Richtlinie 2005/56/EG (Grenzüberschreitende Verschmelzungs-RL)

Bislang ist der EuGH bei der Rechtfertigung von Beschränkungen eher zurückhaltend.[142] Lag eine Beschränkung der Niederlassungsfreiheit vor, wurde zumeist auch ein Verstoß gegen diese angenommen.[143] Insbesondere waren die von den Mitgliedstaaten aufgestellten Schutzmechanismen nicht zwingend erforderlich, um eine Beschränkung zu rechtfertigen.[144] Diese Entscheidungen betrafen allerdings zumeist den Zuzug in einen anderen Mitgliedstaat. Für einen Herausformwechsel können Beschränkungen vom Wegzugstaat tendenziell eher gerechtfertigt werden, da es vermehrt dessen Aufgabe ist, den Schutz der Interessen von Gläubigern, Minderheitsgesellschaftern und Arbeitnehmern zu gewährleisten.[145]

C. Hereinformwechsel (Zuzug)

I. Anwendungsbereich der Niederlassungsfreiheit

1. Rechtsformwechsel als Teil der Niederlassungsfreiheit

Nachdem die Zulässigkeit eines Herausformwechsels in Abhängigkeit von dessen Einordnung in das System der Niederlassungsfreiheit dargestellt wurde, ist in einem zweiten Schritt zu klären, unter welchen Bedingungen der Zuzugsstaat einen grenzüberschreitenden Rechtsformwechsel anerkennen muss. Auch hierbei ist die Interpretation der Niederlassungsfreiheit anhand der einschlägigen EuGH-Rechtsprechung maßgebend, weshalb auch bei der Beurteilung der Zulässigkeit eines Hereinformwechsels in einen anderen Mitgliedstaat die Vorgaben des EuGH herangezogen werden.

---

142 *Teichmann* ZGR 2011, 639, 668.

143 *Brasseur/Vermeylen* in: Vermeylen/Vande Velde, S. 49 Rn. 2.77; siehe z.B. auch EuGH Centros, Slg. 1999, I-1459; EuGH – Inspire, Slg. 2003, I-10155.

144 Vgl. EuGH – Vale, NJW 2012, 2715, Rn. 41; EuGH – Centros, Slg. 1999, Rn. 36; EuGH – Inspire, Slg. 2003, I-10155, Rn. 140 ff.

145 *Hennrichs u.a.* WM 2009, 2009, 2015; *Teichmann* ZIP 2009, 393, 402; *Engert* in: Langenbucher, § 5 Rn. 12.

Bereits in der Sevic-Entscheidung stellte der EuGH klar, dass neben grenzüberschreitenden Verschmelzungen auch „andere Gesellschaftsumwandlungen besondere, für das reibungslose Funktionieren des Binnenmarktes wichtige Modalitäten der Ausübung der Niederlassungsfreiheit" darstellen.[146] Danach fällt ein Hereinformwechsel als „andere Gesellschaftsumwandlung" grundsätzlich in den Anwendungsbereich der Niederlassungsfreiheit.[147] Dies bestätigte der EuGH in der Entscheidung Vale.[148] Er qualifizierte den dortigen Vorgang eindeutig als grenzüberschreitende Umwandlung[149], der von der Niederlassungsfreiheit erfasst ist.[150] Mit Blick auf den in der Rs. Vale zugrundeliegenden Sachverhalt war dies im Vorfeld allerdings nicht eindeutig. Generalanwalt *Jääskinen* sprach in seinen Schlussanträgen nicht von einem grenzüberschreitenden Rechtsformwechsel, sondern vielmehr von einer „grenzüberschreitenden Neugründung" einer Gesellschaft.[151] Jedoch sah er auch diese Konstellation, unabhängig von deren Bezeichnung, als in den Anwendungsbereich der Niederlassungsfreiheit fallend an.[152]

---

146 EuGH – Sevic, Slg. 2005, I-10805, Rn. 19; siehe auch *W.-H. Roth* in: FS Hoffmann-Becking, 965, 990; *Schön* ECFR 2006, 122, 134, *ders.* ZGR 2013, 333, 344, 354.

147 *Bayer/Schmidt* BB 2013, 3, 9; *Verse* EuZW 2013, 336, 337; *Teichmann* ZIP 2006, 355, 362; *Leible* in: FS G. Roth, 447, 450 f.; *Wicke* DStR 2012, 1756, 1757; *Behrens* ZEuP 2007, 324, 338; *Zimmer/Naendrup* NJW 2009, 545, 549; dies gilt grundsätzlich auch für eine grenzüberschreitende Spaltung, siehe dazu *Ege/Klett* DStR 2012, 2442, 2446; *Rubner* NJW-S 2012, 527; *Spahlinger/Wegen* NZG 2006, 725; *Geyrhalter/Weber* DStR 2006, 123, 126; *Bergmann* ZEuS 2012, 233, 249; *Engert* in: Langenbucher, § 5 Rn. 106.

148 EuGH, Urt. v. 12.7.2012, Rs. C-378/10, NJW 2012, 2715 – Vale.

149 Eine Umwandlung (ungarisch: *transzformációk*) entspricht in der deutschen Übersetzung einem Formwechsel. Die deutsche Übersetzung des Vale-Urteils ist diesbzgl. ungenau. Anstatt um eine „grenzüberschreitenden Umwandlung" handelt es sich um einen „grenzüberschreitenden Rechtsformwechsel"; dies wird aus dem Vergleich mit anderen Sprachfassungen (engl.: *cross-border conversion*; franz.: *transformation transfrontaliere*) und dem Sachverhalt deutlich. Auch in der Rs. Cartesio wurde bei der entsprechenden Wegzugsproblematik der Begriff des „Formwechsels" (engl.: *conversion*; franz.: *transformer*) verwandt; vgl. zu den Begrifflichkeiten *Thierman* EuZW 2012, 209, 210 f.

150 EuGH – Vale, NJW 2012, 2715, Rn. 24 mit Verweis auf EuGH – Sevic, Slg. 2005, I-10805, Rn. 19; vgl. auch *Bayer/Schmidt* BB 2013, 3,9; *W.-H. Roth* in: FS Hoffmann-Becking, 965, 976; *Thierman* EuZW 2012, 209, 212; aufgrund der speziellen Konstellation im Vale-Sachverhalt gegen eine Bezeichnung als „Umwandlung" *Kindler* EuZW 2012, 888, 889; *Behme* NZG 2012, 936, 937.

151 GA *Jääskinen*, Schlussanträge v. 15.12.2011, Rs. C-378/10, ZIP 2012, 465, Rn. 34 ; siehe dazu *Thierman* EuZW 2012, 209, 210 f.

152 GA *Jääskinen*, Schlussanträge v. 15.12.2011, Rs. C-378/10, ZIP 2012, 465, Rn.51 f.; zustimmend *J. Schmidt* GPR 2012, 144, 145;*Thierman* EuZW 2012, 209, 211; *Behme* NZG 2012, 936, 937.

Der EuGH bestätigte dies, ohne auf den Begriff einer grenzüberschreitenden Neugründung einzugehen, und qualifizierte den Vorgang als einen grenzüberschreitenden Formwechsel (engl.: *cross-border conversion*; franz.: *transformation transfrontaliere*; span.: *transformación transfronteriza*).[153]

Ein Hereinformwechsel gehört zu den wirtschaftlichen Tätigkeiten, bei denen die Niederlassungsfreiheit beachtet werden muss.[154] Dies steht ebenfalls im Einklang mit vorherigen Entscheidungen, wonach die Bestimmung der Anknüpfung einer Gesellschaft eine Vorfrage ist, die allein von den Mitgliedstaaten beurteilt wird.[155] Ein grenzüberschreitender Rechtsformwechsel fällt folglich aus Sicht des Zuzugsstaates grundsätzlich in den Anwendungsbereich der Niederlassungsfreiheit.[156]

2. Isolierte Satzungssitzverlegung

Wie bei Wegzugskonstellationen bedarf es auch bei einem Hereinformwechsel einer genauen Betrachtung der isolierten Satzungssitzverlegung. Beim Herausformwechsel ist eine isolierte Verlegung nur des Satzungssitzes nicht vom Schutzbereich der Niederlassungsfreiheit erfasst.[157] Dennoch kann der Wegzugsstaat einen solchen zulassen. Ist dies der Fall, stellt sich die Frage, ob der Zuzugsstaat die Verlegung nur des Satzungssitzes in sein Hoheitsgebiet unterbinden kann. Nach dem obiter dictum in der Rs. Vale umfasst die Niederlassungsfreiheit nur die „tatsächliche Ausübung einer wirklichen wirtschaftlichen

153 *Bayer/Schmidt* ZIP 2012, 1481, 1485; *Ege/Klett* DStR 2012, 2442, 2443; *Schön* ZGR 2013, 333, 339.

154 EuGH – Vale, NJW 2012, 2715, Rn. 30; vgl. auch EuGH – Sevic, Slg. 2005, I-10805, Rn. 19; *Schön* ZGR 2013, 333, 346; *Thierman* EuZW 2012, 209, 211.

155 EuGH – Vale, NJW 2012, 2715, Rn. 30, mit Verweis auf EuGH – Daily Mail, Slg. 1988, 5483, Rn. 19, EuGH – Cartesio, Slg. 2008, I-9641, Rn. 110 und EuGH – National Grid Indus, ZIP 2012, 169, Rn. 27.

156 Vgl. EuGH – Vale, NJW 2012, 2715, Rn. 30.

157 *G. Roth*, S. 12; *W.-H. Roth* in: FS Hoffmann-Becking, 965, 994; *Kindler* in: MüKoBGB, IntGesR, Rn. 128; zumindest zweifelnd auch *Teichmann* in: FS Hommelhoff, 1213, 1215; a.A. *Bayer/Schmidt* BB 2013, 3, 9; *dies.* ZIP 2012, 1481, 1486, die die entsprechende Passage des Vale-Urteils nicht als Einschränkung des Anwendungsbereichs der Niederlassungsfreiheit sehen, sondern nur als „besonderen Maßstab bzgl. der Rechtfertigung“ einer Beschränkung dieser.

Tätigkeit mittels fester Einrichtung“ im Zuzugsstaat.[158] Damit ein Hereinformwechsel von der Niederlassungsfreiheit erfasst ist, bedarf es somit zusätzlich der Verlegung des Verwaltungssitzes der Gesellschaft.[159] Andernfalls ist der Zuzugsstaat berechtigt die Eintragung eines grenzüberschreitenden Rechtsformwechsels in das entsprechende nationale Handelsregister zu verweigern.[160] Gleiches wird vom Europäischen Parlament gefordert, wonach bei der grenzüberschreitenden Verlegung des Satzungssitzes die Umgehung rechtlicher und steuerlicher Bedingungen durch sog. Briefkastengesellschaften[161] verhindert werden soll.[162] Bei einer isolierten Satzungssitzverlegung fehlt es für die Anwendbarkeit der Niederlassungsfreiheit an der Ausübung einer tatsächlichen wirtschaftlichen Tätigkeit im Aufnahmestaat.[163]

Inwiefern das obiter dictum der Vale-Entscheidung[164] darüber hinaus Auswirkungen auf die Interpretation der Niederlassungsfreiheit besitzt ist äußerst um-

---

158 EuGH – Vale, NJW 2012, 2715, Rn. 34; EuGH – Cadbury-Schweppes, Slg. 2006, I-7995, Rn. 54; EuGH – Factortame I, Slg. 1991, I-3905, Rn. 20.

159 *Schönhaus/Müller* IStR 2013, 174, 176; *Schön* ZGR 2013, 333, 358; *Leible* in: FS G. Roth, 447, 455; vgl. zur isolierten Satzungssitzverlegung eines Idealvereins nach Deutschland OLG Zweibrücken, Urteil vom 27.09.2005 – 3 W 170/05, DB 2005, 2293. Hierbei stellte sich die Frage nach einer Beeinträchtigung der Niederlassungsfreiheit jedoch schon deshalb nicht, da ein Idealverein aufgrund mangelnden wirtschaftlichen Erwerbszwecks nicht vom persönlichen Anwendungsbereich der Niederlassungsfreiheit nach Art. 49, 54 AEUV erfasst ist; siehe dazu *Behrens* ZEuP 2007, 324, 337.

160 *G. Roth* ZIP 2012, 1744; *W.-H. Roth* in: FS Hoffmann-Becking, 965, 981; *Böttcher/Kraft* NJW 2012, 2701, 2703; *Mörsdorf/Jopen* ZIP 2012, 1398, 1399; *Mörsdorf* CMLR 2012, 629, 635; *Wohlrab* GPR 2012, 316, 317; gegen eine generelle Verallgemeinerung hingegen *Behme* NZG 2012, 936, 939; einschränkend auch *Bayer/Schmidt* ZIP 2012, 1481, 1486; *dies.* BB 2013, 3, 9; *Rameloo* MJ 2012, 563, 567.

161 Zum Begriff der Briefkastengesellschaft (engl.: *pseudo foreign companies*) siehe *Teichmann* ZGR 2011, 639, 642; *Rameloo* MJ 2012, 563, 566; *Ringe* ECFR 2013, 230, 232 f.

162 Entschließung des Europäischen Parlaments v. 10.03.2009 mit Empfehlungen an die Kommission zur grenzüberschreitenden Verlegung von eingetragenen Gesellschaftssitzen, ABlEU v. 01.04.2010, C 87 E/6; so auch EuGH – Cadbury-Schweppes, Slg. 2006, I-7995, Rn. 54 und EuGH – Test Claimants, Slg. 2007, I-2107, Rn. 74, wonach „rein künstliche, jeder wirtschaftlichen Realität baren Konstruktionen“ nicht von der Niederlassungsfreiheit geschützt sein sollen.

163 *Verse* EuZW 2013, 336, 337; *Wicke* DStR 2012, 1756, 1758; *Schönhaus/Müller* IStR 2013, 174, 176 f.; *Schön* ZGR 2013, 333, 358; *Leible/Hoffmann* BB 2009, 58, 62; i.E. so wohl auch *Behrens* ZEuP 2007, 324, 336.

164 EuGH – Vale, NJW 2012, 2715, Rn. 34.

stritten.[165] Insbesondere, ob die Verlegung des Verwaltungssitzes einer ausländischen Briefkastengesellschaft danach immer noch vom Schutzbereich der Niederlassungsfreiheit erfasst ist.[166] Aufgrund der nur bedingten Relevanz dieses Streitpunktes zum grenzüberschreitenden Rechtsformwechsel, soll in der vorliegenden Arbeit nicht näher darauf eingegangen werden. Mit Blick auf die in den letzten Jahren zu verfolgende Interpretation des Begriffs der Niederlassung in den einschlägigen EuGH-Entscheidungen[167], fallen grenzüberschreitende Briefkastengesellschaften sowie deren nachträgliche Verwaltungssitzverlegung in einen anderen Mitgliedstaat, meines Erachtens nicht (mehr) in den Anwendungsbereich der Niederlassungsfreiheit.[168]

Trotz der für die Gesellschaft zwingenden Beachtung dieses Verständnisses der Niederlassungsfreiheit, ist zu erläutern, ob diesem aus praktischen Gesichtspunkten zuzustimmen ist. Will eine Gesellschaft rechtsformwechselnd ihren Satzungssitz in einen anderen Mitgliedstaat verlegen, ihre wirtschaftliche Tätigkeit dagegen weiterhin im jetzigen Wegzugsstaat weiterführen, muss sie nach dem obiter dictum aus der Vale-Entscheidung sowohl ihren Satzungs- als auch Verwaltungssitz verlegen.[169] Unmittelbar nachdem der grenzüberschreitende Rechtsformwechsel vollzogen ist, müsste sie ihren Verwaltungssitz in ihren Heimatstaat (ehemaligen Wegzugsstaat) zurück verlegen. Dies ist jedoch nur

165 Ausführlich dazu *Drygala* EuZW 2013, 569, 572 ff.; für eine Änderung der Centros-Doktrin durch die Vale-Entscheidung *G. Roth* ZIP 2012, 1744, 1745; *Kindler* EuZW 2012, 888, 892; *König/Bormann* NZG 2012, 1241; *Werdnik* RWZ 2012, 317, 318; *Böttcher/Kraft* NJW 2012, 2701, 2702; *Pabst* GPR 2013, 171, 173 f.; gegen eine Abänderung hingegen *Drygala* EuZW 2013, 569, 572 f.; *Bayer/Schmidt* BB 2013, 3, 9; *Schön* ZGR 2013, 333, 353; *Ege/Klett* DStR 2012, 2442, 2447; *Schönhaus/Müller* IStR 2013, 174, 176; *Behme* NZG 2012, 936, 939; *Mansel/Thorn/Wagner* IPRax 2013, 1, 5.

166 Vgl. zur bisherigen Zulässigkeit der Sitzverlegung ausländischer Briefkastengesellschaften EuGH – Centros, Slg. 1999, I-1459; EuGH – Inspire, Slg. 2003, I-10155.

167 EuGH – Cadury-Schweppes, Slg. 2006, I-7995, Rn. 54; EuGH – Sevic, Slg. 2005, I-10805, Rn. 18 f.; EuGH – Eurofood, Slg. 2006, I-3813, Rn. 37.

168 So auch *G. Roth* ZIP 2012, 1744, 1745; *König/Bormann* NZG 2012, 1241; *Böttcher/Kraft* NJW 2012, 2701, 2702; a.A. *Schön* ZGR 2013, 333, 353; *Drygala* EuZW 2013, 569, 572; *Schönhaus/Müller* IStR 2013, 174, 176 f. (ohne Begründung); differenzierend zwischen Gründung und Sitzverlegung *Teichmann* ZGR 2011, 639, 669; siehe zum Erfordernis eines realen wirtschaftlichen Bezugs zum Staat des Gründungsrechts EuGH – Cadbury-Schweppes, Slg. 2006, I-7995, Rn. 54 und EuGH – Test Claimants, Slg. 2007, I-2107, Rn. 74.

169 *G. Roth* ZIP 2012, 1744, 1745; *ders.*, S. 47; einschränkend *Bayer/Schmidt* BB 2013, 3, 9; das obiter dictum der Vale-Entscheidung entschieden ablehnend und für irrelevant erklärend *Drygala* EuZW 2013, 569, 571, 572.

möglich, sofern der Mitgliedstaat, unter dessen Recht sich die formgewechselte Gesellschaft anschließend befindet, der Gründungstheorie folgt. Folgt er der Sitztheorie, kann eine Verwaltungssitzverlegung vom neuen Wegzugsstaat unterbunden werden. Ist eine Verwaltungssitzverlegung aus dem Wegzugsstaat möglich, muss der neue Zuzugsstaat diese grundsätzlich zulassen. Jedoch nur, wenn damit gleichfalls eine tatsächliche wirtschaftliche Tätigkeit begründet werden soll.

Nach den eindeutigen Aussagen des EuGH bezüglich des Niederlassungsbegriffs ist dies, abgesehen von anderen grenzüberschreitenden Umstrukturierungsarten, die einzige von der Niederlassungsfreiheit erfasste Möglichkeit, die der Gesellschaft zur Verfügung steht, um ihr Vorhaben umzusetzen. Diese umständliche und von den Anknüpfungstheorien (Gründungs- oder Sitztheorie) der beteiligten Mitgliedstaaten abhängige Vorgehensweise, führt aus rein praktischer Sicht zu einer Einschränkung der Mobilität und Gestaltungsfreiheit von Gesellschaften mittels eines grenzüberschreitenden Rechtsformwechsels.[170] Diesbezüglich ist der Feststellung, dass eine isolierte Satzungssitzverlegung ins Ausland nicht vom Anwendungsbereich der Niederlassungsfreiheit erfasst ist, nicht vollumfänglich zuzustimmen. Andererseits wird dadurch wiederum den berechtigten Schutzbelangen insbesondere von Gläubigern und der Transparenz bei ausländischen Gesellschaften verstärkt nachgegangen.[171] Mit Blick auf die Ausgestaltung eines umfassenden Gläubigerschutzes bei einem grenzüberschreitenden Rechtsformwechsel in dem Sinne, dass diese beispielsweise ihre Forderungen nicht gegen einen ausländischen Rechtsträger ohne Bezugspunkt im Wegzugsstaat geltend machen müssen, ist das Erfordernis einer gemeinsamen Verlegung von Satzungs- und Verwaltungssitz dennoch vertretbar. Insgesamt wird man die Beurteilung einer isolierten Satzungssitzverlegung bei einem grenzüberschreitenden Rechtsformwechsel davon anhängig machen können, ob man dabei dem Bedürfnis nach umfassender Mobilität und Gestaltungsfreiheit von Gesellschaften oder eines restriktiven Gläubigerschutzes größeren Wert beimisst.

170 *Kieninger* RabelZ 73 (2009), 607, 617; *W.-H. Roth* in: FS Hoffmann-Becking, 965, 992; *Rameloo* MJ 2012, 563, 567.

171 *König/Bormann* NZG 2012, 1241, 1244; *G. Roth* ZIP 2012, 1744, 1745; *Werdnik* RWZ 2012, 317, 318; vgl. zum Vertrauensschutz der Gläubiger bei einer grenzüberschreitenden Satzungssitzverlegung *Leible* in FS G. Roth, 447, 453.

Es bleibt festzuhalten, dass ein Hereinformwechsel mit ausschließlicher Verlegung des Satzungssitzes in den Zuzugsstaat nicht von der Niederlassungsfreiheit erfasst ist.[172] Der Zuzugsstaat ist berechtigt, den Hereinformwechsel zu beschränken und dessen Eintragung in das innerstaatliche Handelsregister abzulehnen, ohne dabei gegen die Niederlassungsfreiheit zu verstoßen.[173] Die Niederlassungsfreiheit gewährt nicht die Freiheit der Wahl eines bestimmten mitgliedstaatlichen Gesellschaftsstatuts, ohne dass die Hauptgeschäftstätigkeit der Gesellschaft verlegt wird.[174]

II. Beschränkung der Niederlassungsfreiheit

Ist der Schutzbereich der Niederlassungsfreiheit nach den o.g. Voraussetzungen eröffnet, muss, damit es sich bei einer Maßnahme des Zuzugsstaates um einen Verstoß gegen die Niederlassungsfreiheit handelt, eine Beschränkung dieser vorliegen. Wann eine Beschränkung vorliegt, wird insbesondere durch die Aussagen des EuGH in den Entscheidungen Sevic und Vale deutlich.[175]

Nach dem Sevic-Urteil ist ein grenzüberschreitender Rechtsformwechsel mit einer grenzüberschreitenden Verschmelzung vergleichbar und grundsätzlich vom Schutzbereich der Niederlassungsfreiheit erfasst.[176] Ein Hereinformwechsel darf, mit Vergleich zu einer grenzüberschreitenden Verschmelzung zur Aufnahme, nicht generell vom Zuzugsstaat verboten werden.[177] Lässt ein Mitgliedstaat einen rein nationalen Formwechsel zu, muss er dies auch für einen entsprechenden grenzüberschreitenden Sachverhalt tun.[178] Diese Auffassung wird durch

---

172 *Verse* EuZW 2013, 336, 337; *Wicke* DStR 2012, 1756, 1758; wohl auch *Schröder/Fischer* VersR 2013, 686; *Behrens* ZEuP 2007, 324, 336.

173 *G. Roth* ZIP 2012, 1744, 1745; *König/Bormann* NZG 2012, 1241, 1243; *Böttcher/Kraft* NJW 2012, 1701, 1703; *Mörsdorf/Jopen* ZIP 2012, 1398; *Mörsdorf* CMLR 2012, 629, 635; a.A. *Bayer/Schmidt* ZIP 2012, 1481, 1486; *dies.* BB 2013, 3, 9, wonach nur bei "rein künstlichen Gestaltungen" i.S.d. Cadbury-Schweppes-Urteils ein Verstoß gegen die Niederlassungsfreiheit gerechtfertigt ist.

174 *W.-H. Roth* in: FS Hoffmann-Becking, 965, 992.

175 EuGH – Sevic, Slg. 2005, I-10805, Rn. 19 ff.; EuGH – Vale, NJW 2012, 2715, Rn. 36.

176 EuGH – Sevic, Slg. 2005, I-10805, Rn. 19 ff.; siehe auch *Wicke* DStR 2012, 1756, 1757; *Leible* FS G. Roth, 447, 450 f.

177 *Spahlinger/Wegen* NZG 2006, 721, 725; *Teichmann* ZIP 2006, 355, 362; *Teichmann/Ptak* RIW 2010, 817, 819; *Geyrhalter/Weber* DStR 2006, 146, 150; *Lutter/Bayer/Schmidt*, § 6 Rn. 64.

178 *Lutter/Bayer/Schmidt*, § 6 Rn. 64; *Bayer/Schmidt* BB 2013, 3, 9.

das Vale-Urteil bestätigt. Kennt eine mitgliedstaatliche Rechtsordnung lediglich den Formwechsel von Gesellschaften, die ihren Satzungssitz in dieser haben, und werden dadurch Gesellschaften „in Abhängigkeit davon, ob es sich um einen innerstaatlichen oder grenzüberschreitenden Formwechsel handelt" unterschiedlich behandelt, stellt dies eine Beschränkung der Niederlassungsfreiheit dar.[179] Nationale Regelungen dürfen einen Hereinformwechsel demnach grundsätzlich nicht verbieten, sofern sie einen innerstaatlichen Formwechsel zulassen, andernfalls liegt darin eine rechtfertigungsbedürftige Beschränkung.[180]

Das bedeutet ebenfalls, dass, soweit eine nationale Gesellschaftsform Zielrechtsträger eines innerstaatlichen Formwechsels sein kann, ein sog. rechtsformkongruenter grenzüberschreitender Rechtsformwechsel vom Zuzugsstaat zugelassen werden muss.[181] So z.B. von einer englischen Ltd. in eine deutsche GmbH oder von einer französischen S.A. in eine deutsche AG.[182] Im nationalen Recht gibt es keinen rechtsformkongruenten Formwechsel, vielmehr müssen sich Ausgangs- und Zielrechtsform unterscheiden.[183] Aus dem Sinn und Zweck der Niederlassungsfreiheit ergibt sich allerdings, dass, wenn ein rechtsforminkongruenter Formwechsel innerstaatlich zugelassen wird, der Zuzugsstaat dies auch für einen rechtsformkongruenten grenzüberschreitenden Rechtsformwechsel tun muss.[184] Alles andere würde die Niederlassungsfreiheit unangemessen beeinträchtigen.

Eine Beschränkung seitens des Zuzugsstaates liegt insbesondere in der Verweigerung der Eintragung der Gesellschaft neuer Rechtsform.[185] Nach dem Äquivalenzprinzip besteht eine Beschränkung darin, dass der Zuzugsstaat Regelungen vorsieht, die ungünstiger sind als diejenigen, die einen gleichartigen innerstaatli-

179 EuGH – Vale, NJW 2012, 2715, Rn. 36, mit Verweis auf EuGH – Sevic, Slg. 2005, I-10805, Rn. 22 f.

180 Vgl. zur Gleichbehandlung von ausländischen und inländischen Gesellschaften *W.-H. Roth* in: Dauses, Kapitel E I Rn. 81; *Mansel/Thorn/Wagner* IPRax 2013, 1, 3.

181 *Lutter/Bayer/Schmidt*, § 6 Rn. 64; *Bayer/Schmidt* ZHR 173 (2009), 735, 760; *dies.* ZIP 2012, 1481, 1489; *Schön* ZGR 2013, 333, 345; kritisch dazu *Ege/Klett* DStR 2012, 2442, 2443.

182 Nicht davon erfasst ist der Formwechsel von oder in eine(r) SE. Diesbezüglich gilt ausschließlich die SE-VO.

183 *Stengel* in: Semler/Stengel, § 190 Rn. 3; *Stratz* in: Schmitt/Hörtnagl/Stratz, § 190 Rn. 1; *Ege/Klett* DStR 2012, 2442, 2443.

184 *Lutter/Bayer/Schmidt*, § 6 Rn. 64; *Bayer/Schmidt* ZHR 173 (2009), 735, 760; *dies.* ZIP 2012, 1481, 1489; *Schön* ZGR 2013, 333, 345.

185 EuGH – Sevic, Slg. 2005, I-10805, Rn. 30; EuGH – Vale, NJW 2012, 2715, Rn. 36, 41.

chen Sachverhalt regeln.[186] Das bedeutet, dass der Zuzugsstaat zwar nicht verpflichtet ist, einen grenzüberschreitenden Rechtsformwechsel günstiger als einen inländischen zu behandeln, er diesen jedoch auch nicht ungünstiger behandeln darf.[187] Nach dem Effektivitätsprinzip muss der Zuzugsstaat die vom Wegzugsstaat ausgestellten Dokumente gebührend berücksichtigen.[188] Tut er dies nicht, liegt eine Beschränkung der Niederlassungsfreiheit vor.

III. Rechtfertigung einer Beschränkung

Beschränkungen können vom Zuzugsstaat gerechtfertigt werden und damit mit der Niederlassungsfreiheit konform sein. Beschränkungen sind allerdings nicht schon dadurch gerechtfertigt, dass keine unionsrechtlichen Regelungen, wie z.B. eine entsprechende Sitzverlegungsrichtlinie[189], vorhanden sind.[190] Auch wenn solche Vorschriften zur „Erreichung grenzüberschreitender Umwandlungen gewiss hilfreich wären", kann ihre Existenz keine Vorbedingung für die Ausgestaltung der Niederlassungsfreiheit sein.[191] Eine Beschränkung kann somit nicht schon durch das Fehlen von sekundärrechtlichen Vorgaben gerechtfertigt werden.[192]

Vielmehr bedarf es zwingender Gründe des Allgemeininteresses. Darunter fallen insbesondere der Schutz der Interessen von Gläubigern, Minderheitsgesellschaftern und Arbeitnehmern, sowie die Wahrung der Wirksamkeit der Steueraufsicht und der Lauterkeit des Handelsverkehrs.[193] Damit diese eine Beschränkung rechtfertigen können, müssen sie zur Erreichung der verfolgten Ziele geeignet sein und nicht über das hinausgehen, was dazu erforderlich ist.[194] Beschränkun-

186 EuGH – Vale, NJW 2012, 2715, Rn. 48.
187 EuGH – Vale, NJW 2012, 2715, Rn. 54 ff.
188 EuGH – Vale, NJW 2012, 2715, Rn. 61; vgl. auch Art. 13 Richtlinie 2005/56/EG.
189 Vorentwurf zu einer Sitzverlegungsrichtlinie vom 20.4.1997, KOM XV/6002/97 endg.
190 EuGH – Vale, NJW 2012, 2715, Rn. 38, EuGH – Sevic, Slg. 2005, I-10805, Rn. 26; siehe auch *Wicke* DStR 2012, 1756, 1757.
191 EuGH – Vale, NJW 2012, 2715, Rn. 38, EuGH – Sevic, Slg. 2005, I-10805, Rn. 26.
192 *Braun* DZWiR 2012, 411, 414; *Teichmann* ZIP 2006, 355, 359.
193 Vgl. EuGH – Vale, NJW 2012, 2715, Rn. 39; EuGH – Sevic, Slg. 2005, I-10805, Rn. 28; EuGH – Überseering, Slg. 2002, I-9919, Rn. 92; EuGH – Inspire, Slg. 2003, I-10155, Rn. 132.
194 EuGH – Gebhard, Slg. 1995, I-4165, Rn. 37; EuGH – Sevic, Slg. 2005, I-10805, Rn. 28 f.; EuGH – Vale, Rn. 39.

gen des Zuzugsstaates müssen also in der gleichen Weise gerechtfertigt werden wie Beschränkungen seitens des Wegzugsstaates. Eine Verweigerung der Eintragung des Hereinformwechsels und der Gesellschaft neuen Rechts ist mangels Erforderlichkeit nicht zu rechtfertigen, da dies nicht das Geringste zur Verfügung stehende Mittel darstellt.[195]

Insgesamt ist der EuGH bei der Rechtfertigung von Beschränkungen eher zurückhaltend.[196] Liegt eine solche vor, wurde zumeist auch ein Verstoß gegen die Niederlassungsfreiheit angenommen.[197] Insbesondere mangelte es den nationalen Maßnahmen an der notwendigen Erforderlichkeit.[198] Bei einem Hereinformwechsel sind Beschränkungen nur schwer zu rechtfertigen, da der Zuzugsstaat damit, zumindest indirekt, eine unterschiedliche Behandlung gegenüber einem innerstaatlichen Formwechsel ausdrückt.[199]

D. Auswirkungen auf das deutsche Gesellschaftsrecht

I. § 1 Abs. 1 UmwG

Nach § 1 Abs. 1 Nr. 4 UmwG können Rechtsträger mit Sitz im Inland durch Formwechsel umgewandelt werden. Ein innerstaatlicher Formwechsel ist nach deutschem Umwandlungsrecht somit möglich. Verfahrensrechtliche Regelungen finden sich in den §§ 192 ff. UmwG. Nach dem Wortlaut des § 1 Abs. 1 UmwG ist Voraussetzung für die Anwendbarkeit des deutsches Umwandlungsgesetzes, dass es sich um Rechtsträger mit „Sitz im Inland“ handelt. Nach dieser Lesart

---

195 EuGH – Vale, NJW 2012, 2715, Rn. 40; EuGH – Sevic, Slg. 2005, I-10805, Rn. 30; siehe auch *Bayer/Schmidt* BB 2013, 3, 10; *Wicke* DStR 2012, 1756, 1757.

196 *Brasseur/Vermeylen* in: Vermeylen/Vande Velde, S. 49 Rn. 2.77; *Teichmann* ZGR 2011, 639, 668.

197 Siehe z.B. EuGH – Centros, Slg. 1999, I-1459; EuGH – Inspire, Slg. 2003, I-10155.

198 *Engert* in: Langenbucher, § 5 Rn. 10 f.

199 *Bollacher* RIW 2012, 717, 718; *Weller* in: Gebauer/Wiedmann, Kapitel 21 Rn. 10; wohl auch *Hörtnagl* in: Schmitt/Hörtnagl/Stratz, § 1 Rn. 52; anders hingegen *Thierman* EuZW 2012, 209, 213, der die Rechtfertigung einer Beschränkung der Niederlassungsfreiheit bei einem grenzüberschreitenden Rechtsformwechsel durch „nichtdiskriminierende Anwendung nationaler Bestimmungen“ für nicht „nicht unwahrscheinlich“ hält; siehe z.B. EuGH – Vale, NJW 2012, 2715, Rn. 40; EuGH – Sevic, Slg. 2005, I-10805, Rn. 30.

wird der Anwendungsbereich des UmwG auf Inlandssachverhalte beschränkt.[200] § 1 Abs. 1 UmwG ist dabei keine Kollisionsnorm, sondern stellt vielmehr eine selbstbeschränkende Sachnorm dar.[201] Die Anwendbarkeit deutschen Rechts im Allgemeinen ist demzufolge nicht von § 1 Abs. 1 UmwG abhängig.[202] Vielmehr ist erst in einem zweiten Schritt die Anwendbarkeit des deutschen UmwG nach § 1 Abs. 1 UmwG zu prüfen, nachdem mittels kollisionsrechtlicher Anknüpfung auf deutsches Sachrecht verwiesen wurde. Mit dem Sitz im Inland ist nach überwiegender Auffassung der Satzungssitz der Gesellschaft gemeint.[203] Satzungs- und Verwaltungssitz können somit auch auseinanderfallen. Im Zuge des MoMiG[204] kann eine deutsche Gesellschaft ihren Verwaltungssitz im Ausland haben. Der Anwendungsbereich des UmwG ist dennoch für sie eröffnet.[205]

Fraglich ist, wie die Beschränkung auf einen inländischen Satzungssitz nach § 1 Abs. 1 UmwG, mit Blick auf die o.g. EuGH-Rechtsprechungen zu grenzüberschreitenden Umwandlungen zu verstehen ist. Teilweise wird § 1 Abs. 1 UmwG so interpretiert, dass alle am Umwandlungsvorgang beteiligten Gesellschaften ihren Satzungssitz im Inland haben müssen.[206] Im Sinne eines Formwechsels bedeutet dies, dass sowohl der Ausgangs- als auch der Zielrechtsträger eine Gesellschaft deutscher Rechtsform sein müssen. Ein grenzüberschreitender Rechtsformwechsel in bzw. aus einem anderen Mitgliedstaat wäre demnach nicht möglich. Solch eine Einschränkung ist mit der Niederlassungsfreiheit nicht

---

200 *Lutter/Drygala* in: Lutter, § 1 Rn. 4; *Kallmeyer* in: Kallmeyer, § 1 Rn. 2; *Schäffler* in: Maulbetsch/Klumpp/Rose, § 1 Rn. 5.

201 *Kindler* in MüKoBGB, IntGesR, Rn. 866; *Drinhausen* in: Semler/Stengel, Einl. C Rn. 5; *Dorr/Stukenborg* DB 2003, 647; *Spahlinger/Wegen* NZG 2006, 721; *dies.* in: Spahlinger/Wegen, Rn. 504.

202 *Dorr/Stukenborg* DB 2003, 647; *Sphalinger/Wegen* NZG 2006, 721.

203 *Lutter/Drygala* in: Lutter, § 1 UmwG, Rn 15; *Hörtnagl* in: Schmitt/Hörtnagl/Stratz, § 1 Rn. 43; *Kallmeyer* in: Kallmeyer, § 1 Rn. 2; *Schäffler* in: Maulbetsch/Klumpp/Rose, § 1 Rn. 9; *Drinhausen* in: Semler/Stengel, Einleitung C Rn. 20; *Dauner-Lieb* in: KK-UmwG, § 1 Rn. 24; *Kindler* in: MüKoBGB, IntGesR, Rn. 912.

204 Gesetz zur Modernisierung des GmbH-Rechts und zur Bekämpfung von Missbräuchen vom 1.11.2008, BGBl. 2008, Teil I, Nr. 48, S. 2026-2043.

205 *Schäffler* in: Maulbetsch/Klumpp/Rose, § 1 Rn. 9 f.; *Hoffmann* in: NomosBGB, AT, Art. 12 EGBGB Rn. 188.

206 *Drinhausen* in: Semler/Stengel, Einl. C Rn. 21; *Kindler* in: MüKoBGB, IntGesR, Rn. 872 ff.; i.E. auch *Schäffler* in: Maulbetsch/Klumpp/Rose, § 1 Rn. 11 (jeweils vor der Vale-Entscheidung des EuGH).

vereinbar.[207] Nach der Cartesio-Entscheidung ist ein Herausformwechsel grundsätzlich zulässig und von den Mitgliedstaaten anzuerkennen.[208] Nach der Vale-Entscheidung gilt dies ebenso für einen Hereinformwechsel.[209] Nationale Regelungen, die einen Heraus- bzw. Hereinformwechsel unter Verlegung sowohl des Satzungs- als auch des Verwaltungssitzes nicht zulassen, sind nicht mit der Niederlassungsfreiheit vereinbar. Durch die Beschränkung, dass lediglich inländische Rechtsträger an einem Formwechsel nach dem UmwG beteiligt sein können, wird ein grenzüberschreitender Rechtsformwechsel von diesem ausgeschlossen. In dieser Auslegung des § 1 Abs. 1 UmwG liegt demnach ein Verstoß gegen die Niederlassungsfreiheit.[210] Dies gilt allerdings nur für grenzüberschreitende Umwandlungen innerhalb der EU bzw. des EWR. Ist eine Gesellschaft aus einem Drittstaat beteiligt, greift die Niederlassungsfreiheit nicht.[211] Der Sachverhalt beurteilt sich dann, vorbehaltlich etwaiger Staatsverträge[212], allein nach deutschem Internationalen Kollisionsrecht. Außerhalb der EU ist für zuziehende Gesellschaften in Deutschland daher die Sitztheorie maßgebend.[213]

Im Sinne einer europarechtskonformen Auslegung ist § 1 Abs. 1 UmwG dahingehend zu verstehen, dass grenzüberschreitende Umwandlungsvorgänge innerhalb der EU in den Anwendungsbereich des deutschen UmwG fallen.[214] Für eine

207 *Kallmeyer* in: Kallmeyer, § 1 Rn. 4; *Lutter/Drygala* in: Lutter, § 1 Rn. 15; *Spahlinger/Wegen* NZG 2006, 721, 724; *Thümmel/Hack* DK 2009, 1, 4; *Hoffmann* in: NomosBGB, AT, Art. 12 EGBGB Rn. 188; *Behrens* ZEuP 2007, 324, 338.

208 EuGH – Cartesio, Slg. 2008, I-9641, Rn. 111 ff.

209 EuGH – Vale, NJW 2012, 2715, Rn. 30.

210 *Becker* in: Maulbetsch/Klumpp/Rose, Vor §§ 122a ff. Rn. 22; *Spahlinger/Wegen* NZG 2006, 721, 724; *Behrens* ZEuP 2007, 324, 338; *Herrler* EuZW 2007, 295, 299, wonach ein absolutes Verbot jedenfalls nicht zur Erreichung der verfolgten Ziele erforderlich ist.

211 *Dauner-Lieb* in: KK-UmwG, § 1 Rn. 29; *Kallmeyer* in: Kallmeyer, § 1 Rn. 4.

212 Zum Beispiel der Freundschafts-, Handels- und Schifffahrtsvertrag zwischen Deutschland und den USA vom 29.10.1954 (BGBl. Teil II, 1956, S. 487 ff.). Nach Art. XXV Abs. 5 S. 2 des Abkommens muss Deutschland die rechtliche Existenz einer nach amerikanischem Recht gegründeten juristischen Person anerkennen; siehe dazu BGHZ 153, 353; BGH ZIP 2004, 2230 – GEDIOS Corporation; OLG München GRUR-RR 2008, 400; *Kußmann/Richter/Ruiner* EWS 2009, 1, 3; *Spahlinger* in: Spahlinger/Wegen, Rn. 232 ff.; zu weiteren vergleichbaren Abkommen *Spahlinger* in: Spahlinger/Wegen, Rn. 253 ff.

213 Vgl. BGHZ 178, 192, Rn. 25 – Trabrennbahn und BGHZ 151, 204, Rn. 8 – Jersey; *Bayer/Schmidt* ZHR 173 (2009), 735, 737; *Kindler* IPRax 2009, 189, 190; *Leible* in: FS G. Roth, 447, 455.

214 *Bayer/Schmidt* ZIP 2006, 210. 212; *Spahlinger/Wegen* NZG 2006, 721, 724; *Hoffmann* in: NomosBGB, AT, Art. 12 EGBGB Rn. 194; *Hörtnagl* in: Schmitt/Hörtnagl/Stratz, § 1 Rn. 24.

grenzüberschreitende Verschmelzung ergibt sich dies unmittelbar aus den §§ 122a ff. UmwG, die zur Umsetzung der Internationalen Fusionsrichtlinie[215] geschaffen wurden. Nach der o.g. EuGH-Rechtsprechung muss § 1 Abs. 1 UmwG bezüglich eines grenzüberschreitenden Rechtsformwechsels so interpretiert werden, dass sowohl der Heraus- als auch der Hereinformwechsel vom UmwG erfasst sind. Für die Anwendbarkeit deutschen Umwandlungsrechts muss folglich nur einer der beteiligten Rechtsträger bzw. Rechsträger der am Verfahren beteiligten Rechtsordnungen seinen Sitz im Inland haben.[216]

Eine europarechtskonforme Auslegung des § 1 Abs. 1 UmwG geht auch nicht über dessen Wortlaut hinaus. Nach dem Wortlaut des § 1 Abs. 1 UmwG ist der Voraussetzung eines inländischen Satzungssitzes für die Anwendung des deutschen Umwandlungsgesetzes nicht unmittelbar zu entnehmen, dass sowohl der Ausgangs- als auch der Zielrechtsträger ihren Sitz im Inland haben müssen. Mit Blick auf den grenzüberschreitenden Kontext wird dies auch dadurch bestärkt, dass für die Anwendbarkeit deutschen Sachrechts, wie dem UmwG, zuerst kollissionsrechtlich deutsches Recht für anwendbar erklärt werden muss. Bei grenzüberschreitenden Umwandlungsvorgängen geschieht dies nach der Vereinigungstheorie bzw. der Kombinationslehre.[217] Die Anwendung deutschen Rechts beschränkt sich grundsätzlich auf deutsche Gesellschaften. Der Ausschluss eines ausländischen Ausgangs- oder Zielrechtsträgers vom deutschen UmwG mittels § 1 Abs. 1 ist kollissionsrechtlich daher nicht geboten. Die aufgezeigte Interpretation des Begriffs „Sitz im Inland“ ist vom Wortlaut somit im Ergebnis noch erfasst. Eine Auslegung diesbezügliche ist daher zulässig.

Zur Schaffung von Rechtsklarheit und zum Vorbeugen von Missverständnissen ist eine Erweiterung des § 1 Abs. 1 UmwG um einen zweiten Satz dennoch angebracht.[218] Dieser könnte lauten: *Eine Umwandlung ist ebenfalls möglich, wenn einer der Rechtsträger der am Verfahren beteiligten Rechtsordnungen seinen Sitz in einem Mitgliedstaat der Europäischen Union oder eines anderen Vertragsstaats des Abkommens über den Europäischen Wirtschaftsraum besitzt.*

215 Richtlinie 2005/56/EG über die Grenzüberschreitende Verschmelzungen von Kapitalgesellschaften.

216 *Drinhausen* in: Semler/Stengel, Einl. C Rn. 23; *Hörtnagl* in: Schmitt/Hörtnagl/Stratz, § 1 Rn. 25; vgl. zur Verschmelzung *Lutter/Drygala* JZ 2006, 770, 776; *Thümmel/Hack* DK 2009, 1, 4; *Spahlinger/Wegen* NZG 2006, 721, 727.

217 Zur Kombinationslehre siehe Teil 4. B. II.

218 *Kuntz* IStR 2006, 224, 232; *Kronke* ZGR 1994, 26, 36.

Lediglich die Streichung der Worte „Sitz im Inland“ ist hingegen nicht zu empfehlen[219], da damit Umwandlungen nach dem deutschen UmwG, vorbehaltlich einer kollisionsrechtlichen Anwendbarkeit deutschen Rechts, auch für Nicht-EU bzw. EWR-Staaten möglich wären, wodurch jedoch insbesondere der Schutz von Gläubiger, Minderheitsgesellschaftern und Arbeitnehmern nicht mehr in vollem Umfang gewährleistet bzw. durch europäisches Sekundärrecht garantiert werden kann.

II. §§ 190 f. UmwG

Für einen grenzüberschreitenden Rechtsformwechsel sieht das deutsche UmwG bislang keine ausdrücklichen Regelungen vor.[220] § 190 Abs. 1 UmwG bestimmt allgemein, dass eine Gesellschaft durch Formwechsel eine andere Rechtsform erhalten kann. In Verbindung mit § 1 Abs. 1 UmwG wurde überwiegend angenommen, dass ein grenzüberschreitender Rechtsformwechsel nicht von den §§ 190 ff. UmwG erfasst ist.[221] Der deutsche Gesetzgeber habe die Regelungen für einen Formwechsel bewusst nur für inländische Sachverhalte zur Verfügung gestellt, da grenzüberschreitende Vorgänge aufeinander abgestimmte Vorschriften zweier Rechtsordnungen bedürfen und einer europaweiten Harmonisierung vorbehalten sind.[222] § 191 Abs. 1 und 2 UmwG listen die an einem Formwechsel beteiligungsfähigen Gesellschaften auf.[223]

Aufgrund der Niederlassungsfreiheit ist ein grenzüberschreitender Rechtsformwechsel grundsätzlich zulässig.[224] Deutsches Recht muss mit höherrangigem EU-Recht vereinbar sein.[225] Dazu zählen auch die Vorgaben des EuGH zur

219 So jedoch *Kronke* ZGR 1994, 26, 36.

220 *Altmeppen/Ego* in: MüKoAktG, Niederlassungsfreiheit, Rn. 334; *Wicke* DStR 2012, 1756, 1757; siehe auch OLG Nürnberg, Urt. v. 13.2.2012, ZIP 2012, 572, Rn. 38.

221 *Lutter/Drygala* in: Lutter, § 1 Rn. 35; *Schäffler* in: Maulbetsch/Klumpp/Rose, § 1 Rn. 12; *Kallmeyer* in: Kallmeyer, § 1 Rn. 19.

222 *Decher* in: Lutter, Vor § 190 Rn. 33; *Quass* in: Maulbetsch/Klumpp/Rose, § 190 Rn. 11; siehe auch RegBegr. BR-Drucks. 16/2919.

223 *Meister/Klöcker* in: Kallmeyer § 190 Rn. 11 f.; *Stengel* in: Semler/Stengel, § 190 Rn. 11; *Schön* ZGR 2013, 333, 356 f.; *Kindler* in: MüKoBGB, IntGesR, Rn. 857; vgl. auch OLG Nürnberg, Urt. v. 13.2.2012, ZIP 2012, 572, Rn. 42.

224 Vgl. EuGH – Cartesio, Slg. 2008, I-9641, Rn. 111 f.; EuGH – Vale, NJW 2012, 2715, Rn. 41.

225 Vgl. zur Vereinbarkeit mit höherrangigem nationalen Recht *Bydlinski*, S. 455 f.; *Larenz*, S. 345 ff.; *Kramer*, S. 100 ff.; BVerfGE 89, 214, Rn. 50 und BVerfGE 81, 242, Rn. 45.

Niederlassungsfreiheit. In Deutschland müssen somit sowohl der Heraus- als auch der Hereinformwechsel zulässig sein.[226] Eine generelle Beschränkung nur auf einen inländischen Formwechsel ist nicht mit der Niederlassungsfreiheit vereinbar. Die §§ 190 f. UmwG stellen demnach eine Beschränkung dar und sind europarechtskonform auszulegen.[227]

§ 190 Abs. 1 UmwG i.V.m. § 1 Abs. 1 UmwG darf nicht den Hereinformwechsel in eine deutsche Rechtsform bzw. den Herausformwechsel in eine Rechtsform eines anderen Mitgliedstaates verbieten.[228] Die in § 191 Abs. 1, 2 UmwG aufgezählten Rechtsformen umfassen demzufolge nicht nur deutsche Gesellschaftsformen, sondern ebenfalls deren ausländisches Pendant.[229] Dies gilt sowohl für den formwechselnden Rechtsträger als auch für den Rechtsträger neuer Rechtsform.[230] Für ausländische Kapitalgesellschaften ist dabei Art. 1 der Publizitätsrichtlinie[231] maßgebend. Eine Verweigerung der Eintragung mit Berufung auf den Wortlaut der §§ 190 f. UmwG würde gegen die Niederlassungsfreiheit verstoßen.[232]

---

226 Vgl. EuGH – Cartesio, Slg. 2008, I-9641, Rn. 111 f.; EuGH – Vale, NJW 2012, 2715, Rn. 41.

227 *Meister/Klöcker* in: Kallmeyer, § 190 Rn. 19; *Bayer* in: Lutter/Hommelhoff, § 4a Rn. 17; *Bayer/Schmidt* ZIP 2012, 1481, 1485; *Schön* ZGR 2013, 333, 357.

228 *Engert* in: Langenbucher, § 5 Rn. 12.

229 *Bayer* in: Lutter/Hommelhoff, § 4a Rn. 17; *Wöhlert/Degen* GWR 2012, 432; *Spahlinger/Wegen* NZG 2006, 721, 727; zu einer diesbzgl. Modifikation des nationalen Umwandlungsrecht *Weller* ZGR 2010, 679 ff.; *ders.* LMK 2012, 336113; *Richter/Heyd* StuW 2010, 367, 372.

230 Ein grenzüberschreitender Formwechsel in eine deutsche UG (haftungsbeschränkt) ist jedoch nicht möglich, da ein solcher mit Blick auf das Sacheinlageverbot nach § 5a Abs. 2 S. 2 GmbHG auch bei einem inländischen Formwechsel unzulässig ist; siehe dazu *Wicke* DStR 2012, 1756, 1758; *Ege/Klett* DStR 2012, 2442, 2444; *Schön* ZGR 2013, 333, 361; mit Blick auf die Einschränkung verschmelzungsfähiger Rechtsträger in § 122b Abs. 2 UmwG ist die Zulässigkeit eines grenzüberschreitender Rechtsformwechsel einer Genossenschaft zumindest fraglich, vgl. zum Ausschluss von Genossenschaften bei grenzüberschreitenden Verschmelzungen *Drinhausen* in: Semler/Stengel, § 122b Rn. 10 f.; *Simon/Rubner* in: KK-UmwG, § 122b Rn. 17; *Becker* in: Maulbetsch/Klumpp/Rose, § 122b Rn. 16 f.; *Marsch-Barner* in: Kallmeyer, § 122b Rn. 8.

231 Richtlinie 2009/101/EG (Publizitäts-RL).

232 *Weller* LMK 2012, 336113; anders jedoch OLG Nürnberg, Urt. v. 13.2.2012, ZIP 2012, 572, Rn. 42.

III. § 4a GmbHG und § 5 AktG

Ein grenzüberschreitender Rechtsformwechsel ist stets mit der Verlegung des Satzungssitzes der Gesellschaft ins Ausland verbunden.[233] Es kommt zu einem Wechsel des bisherigen Gesellschaftsstatuts.[234] § 4a GmbHG bzw. § 5 AktG bestimmen, dass der Sitz der Gesellschaft der Ort im Inland ist, den der/die Gesellschaftsvertrag/Satzung bestimmt. Für deutsche Kapitalgesellschaften bedarf es folglich eines inländischen Satzungssitzes.[235] Andernfalls ist eine Eintragung ins Handelsregister nicht möglich.[236] In den meisten anderen Mitgliedstaaten, wie z.B. Spanien (Art. 8 LSC i.V.m. Art. 28 CC)[237], Großbritannien (sec. 9(2) CA 2006)[238], den Niederlanden (Art. 2:177 Abs. 3 NBG)[239] und Italien (Art. 2330 c.c. bzw. 2470 c.c.)[240] ist ebenfalls ein inländischer Satzungssitz erforderlich.[241]

---

233 *Hoffmann* in: MüHdb GesR, IntGesR, § 54 Rn. 1, 5; *Bayer/Schmidt* ZHR 173 (2009), 735, 752; *Lutter/Bayer/Schmidt*, § 6 Rn. 59; *Thiermann* EuZW 2012, 209, 211; *Jaensch* in: Keßler/Kühnberger, Vor §§ 190 ff., Rn. 12; *Weller* in: FS Blaurock, 497, 500; *Wicke* GPR 2010, 238, 242; *Heckschen* DNotZ 2007, 444, 453; *Böttcher/Kraft* NJW 2012, 2701, 2703.

234 *Böttcher/Kraft* NJW 2012, 2701, 2703; *Altmeppen/Ego* in: MüKoAktG, Niederlassungsfreiheit, Rn. 333.

235 *W.-H. Roth* in: Europäische Auslandsgesellschaften, 379, 395; *Leible* in: Michalski, Syst. Darst. 2 Rn. 179; str. ist, ob § 4a GmbHG und § 5 AktG als Sachnorm auch ein (verdeckter) kollisionsrechtlicher Gehalt zukommt, zust. *Bayer/Schmidt* ZHR 173 (2009), 735, 747 ff.; *Wicke* GPR 2010, 238, 239 f.; *Hüffer*, § 5 Rn. 3; *Leible* in: Michalski, Syst. Darst. 2 Rn. 179; *ders.* in: FS G. Roth, 447, 456; § 4a GmbHG stellt jedoch nach dem BGH ausdrücklich keine allseitige Kollisionsnorm dar, siehe dazu BGHZ 178, 192, Rn. 27 – Trabrennbahn.

236 *Hüffer*, § 5 Rn. 6; *Lange* in: Henssler/Strohn, § 5 AktG Rn. 2; *Fastrich* in: Baumbach/Hueck, § 4a Rn. 1; *Emmerich* in: Scholz, § 4a Rn. 26; *Bayer* in: Lutter/Hommelhoff, § 4a Rn. 4; *Kindler* in: MüKoBGB, IntGesR, Rn. 532; *Teichmann* ZIP 2009, 393, 401.

237 Vgl. *Löber/Lozano/Steinmetz* in: Süß/Wachter, S. 1722 Rn. 303; *Szydło* ECFR 2010, 414, 420; *Andenas/Wooldridge*, S. 89.

238 Vgl. *Ebert/Levedag* in: Süß/Wachter, S. 705 Rn. 142; *Ringe/Otte* in: Triebel u.a., S. 218 Rn. 81; *Weller*, Zentrum für Europäisches WirtschaftsR, S. 14 (Fn. 81); *Kasolowsky/Schall* in: Hirte/Bücker, § 4 Rn. 16; *Andenas/Wooldridge*, S. 54.

239 Vgl. *Rademakers/de Vries* in: Süß/Wachter, S. 1204 Rn. 49; *Gotzen*, S. 74 Rn. 269; *Wymeersch* CMLR 2003, 661, 666; *de Kluiver/Rammeloo* in: Hirte/Bücker, § 6 Rn. 16; *Andenas/Wooldridge*, S. 93.

240 Vgl. *Fasciani* in: Süß/Wachter, S. 960 Rn. 48; *Kindler*, Italienisches Handels- und WirtschaftsR, S. 237 Rn. 122; *Szydło* ECFR 2010, 414, 420; *Andenas/Wooldridge*, S. 82.

241 *Mellert/Verfürth*, S. 295 Rn. 92.; *Weller* in: FS Blaurock, 497, 510, wonach sogar alle Mitgliedstaaten einen inländischen Satzungssitz vorschreiben.

Die Bestimmung des (Satzungs-)Sitzes der Gesellschaft ist gem. § 3 Abs. 1 Nr. 1 GmbHG bzw. § 23 Abs. 3 Nr. 1 AktG zwingender Bestandteil des Gesellschaftsvertrags bzw. der Satzung. Er bestimmt die Zuständigkeit des Prozess-, Register- und Insolvenzgerichts.[242] § 4a GmbHG und § 5 AktG wurden im Zuge des MoMiG geändert. Nunmehr muss sich der Verwaltungssitz der Gesellschaft nicht mehr im Inland befinden. Lediglich der Satzungssitz muss zwingend in Deutschland liegen.[243]

Eine Satzungssitzverlegung innerhalb Deutschlands ist ohne Weiteres zulässig. Anders stellt sich die Lage bei einer Verlegung des Satzungssitzes der Gesellschaft ins Ausland dar.[244] Bei beiden handelt es sich stets um eine Änderung des Gesellschaftsvertrags bzw. der Satzung.[245] Diese muss gem. § 53 Abs. 1 GmbHG bzw. § 119 Abs. 1 Nr. 5 AktG durch Beschluss der Anteilsinhaber erfolgen. Einem Beschluss zur Verlegung des Satzungssitzes ins Ausland wurde bisher jedoch die Eintragung ins deutsche Handelsregister versagt.[246] Dies galt unabhängig davon, ob damit ein grenzüberschreitender Rechtsformwechsel verbunden war oder das deutsche Gesellschaftsstatut erhalten bleiben sollte. Gleiches gilt z.B. für die englische Ltd., die ihren Satzungssitz nicht außerhalb Großbritanniens verlegen kann.[247] Der Verlegungsbeschluss einer deutschen Gesellschaft ins Ausland wird unterschiedlich beurteilt. In der gerichtlichen Praxis stellt er zumeist einen Auflösungsbeschluss der Gesellschaft i.S.d. § 60 Abs. 1 Nr. 2 GmbHG bzw. § 262 Abs. 1 Nr. 2 AktG dar.[248] Durch die ungültige Verlegung des Satzungssitzes ins Ausland wird die Gesellschaft aufgelöst. Diese Vorgehensweise ist allerdings abzulehnen. Vielmehr würde eine ungültige Verlegung des Satzungssitzes ins Ausland einen nichtigen Beschluss gem.

---

242 *Wamser* in: Henssler/Strohn, § 4a GmbHG, Rn. 3; *Fastrich* in: Baumbach/Hueck, § 4a Rn. 2; *Bayer* in: Lutter/Hommelhoff, § 4a Rn. 4; *Frenzel* EWS 2008, 130, 131.

243 *Bayer* in: Lutter/Hommelhoff, § 4a Rn. 4; *Hüffer*, § 5 Rn. 6.

244 *H.-P. Westermann* in: Scholz, Anh. § 4a Rn. 73.

245 *Hüffer*, § 5 Rn. 11; *Fastrich* in: Baumbach/Hueck, § 4a Rn. 2; *Bayer* in: Lutter/Hommelhoff, § 4a Rn. 7.

246 Vgl. OLG München, Urt. vom 4.10.2007, ZIP 2007, 2124; *Kindler* in: MüKoBGB, IntGesR, Rn. 508.

247 *Ringe/Otte* in: Triebel u.a., S. 220 Rn. 86; *Ebert/Levedag* in: Süß/Wachter, S. 793 Rn. 612; *Andenas/ Wooldridge*, S. 60 f.; *Schön* ZGR 2013, 333, 357.

248 Vgl. OLG München, Urt. v. 4.10.2007, ZIP 2007, 2124; OLG Düsseldorf, Urt. vom 26.3. 2001, ZIP 2001, 2184; OLG Hamm, Urt. v. 1.2.2001, ZIP 2001, 2183; BayObLG, Urt. v. 7.5.1992, ZIP 1992, 842; *Kindler* in: MüKoBGB, IntGesR, Rn. 508; vgl. zum polnischen Recht *Szydło* ECFR 2010, 414, 419.

§ 241 Nr. 3 AktG (analog) darstellen.[249] Ein solcher Beschluss wäre aufgrund des Wortlauts von § 4a GmbHG bzw. § 5 AktG nicht mit dem Wesen einer GmbH bzw. AG vereinbar.

Sofern mit der Sitzverlegung kein Wechsel des inländischen Gesellschaftsstatuts beabsichtigt ist, gilt die genannte Rechtsfolge für einen Verlegungsbeschluss ins Ausland.[250] Das folgt daraus, dass sowohl nach der Gründungs- als auch der Sitztheorie das anwendbare Gesellschaftsstatut grundsätzlich von einem inländischen Satzungssitz abhängig ist.[251] Wird der Satzungssitz ins Ausland verlegt, kommt es zu einem Statutenwechsel, also zu einem Rechtsformwechsel.[252]

Fraglich ist gleichwohl, ob der Verlegungsbeschluss ins Ausland auch dann als nichtig gewertet werden kann, wenn damit ein grenzüberschreitender Rechtsformwechsel verbunden ist. Nach dem obiter dictum aus Cartesio und der Entscheidung Vale ist ein grenzüberschreitender Rechtsformwechsel grundsätzlich von der Niederlassungsfreiheit erfasst.[253] Durch § 4a GmbHG sowie § 5 AktG und den damit verbunden Rechtsfolgen einer grenzüberschreitenden Satzungssitzverlegung unter Umwandlung wäre es einer Gesellschaft jedoch gerade nicht möglich, einen grenzüberschreitenden Rechtsformwechsel in einen anderen Mitgliedsstaat zu vollziehen. Darin liegt ein Verstoß gegen die Niederlassungsfreiheit.[254]

249 *Hüffer*, § 5 Rn. 12; *Jasper/Wollbrink* in: MüHdb GesR, IntGesR, § 75 Rn. 87; *Drescher* in: Spindler/Stilz, § 5 Rn. 10; *Solveen* in: Hölters, § 5 Rn. 16 f; *Fastrich* in: Baumbach/ Hueck, § 4a Rn. 2; *Kindler* DK 2006, 811, 817; *Wicke* GPR 2010, 238; 240; vgl. zum niederländischen Recht *Szydło* ECFR 2010, 414, 419.

250 *Bayer* in: Lutter/Hommelhoff, § 4a Rn. 16; *Solveen* in: Hölters, § 5 Rn. 16; *Fastrich* in Baumbach/ Hueck, § 4a Rn. 2; vgl. auch OLG München, Urt. v. 4.10.2007, ZIP 2007, 2124; BayOblG, Urt. v. 11.2.2004, ZIP 2004, 806.

251 *Leible* in: FS G. Roth, 447, 452; *Brasseur/Vermeylen* in: Vermeylen/Vande Velde, S. 58 Rn. 2.124; vgl. zur Unterscheidung kollisionsrechtlicher Anknüpfung und materieller Zulässigkeit grenzüberschreitender Sitzverlegungen *Michalski/Funke* in: Michalski, § 4a Rn. 34.

252 *Bayer* in: Lutter/Hommrlhoff, § 4a Rn. 17; de lege ferenda für eine Satzungssitzverlegung ins Ausland ohne Statutenwechsel *Eidenmüller* JZ 2004, 24, 32; *Schön* ECFR 2006, 122, 139; jedoch zu Recht widersprechend *Teichmann* ZGR 2011, 639, 685 sowie *Michalski/Funke* in: Michalski, § 4a Rn. 100.

253 Vgl. EuGH – Cartesio, Slg. 2008, I-9641, Rn. 112; EuGH – Vale, NJW 2012, 2715, Rn. 30.

254 So auch *Leible* in: FS G. Roth, 447, 452 f.

Für eine europarechtskonforme Ausgestaltung nationalen Rechts sind daher die § 4a GmbHG und § 5 AktG bzgl. einer Verlegung des Satzungssitzes in einen anderen Mitgliedstaat zu reduzieren.[255] Die Möglichkeit einer europarechtskonformen teleologischen Reduktion nationalen Rechts ist seit der Quelle-Entscheidung des BGH[256] anerkannt. Hierbei wurde der Bedeutungsgehalt der nationalen Norm insoweit beschränkt, dass er mit dem Sinn und Zweck der Vorgaben der entsprechenden europäischen Richtlinie vereinbar ist.[257] Vorliegend besteht der Telos darin, dass § 4a GmbHG und § 5 AktG als nationale Normen gemeinschaftskonform interpretiert und ausgestaltet werden sollen. Weitere mit § 4a GmbHG und § 5 AktG verbundende Zwecksetzungen treten hinter diesen Telos zurück.[258] Aufgrund dieser europarechtskonformen Ausgestaltung, sind § 4a GmbHG und § 5 AktG zu reduzieren[259] und zwar insofern, dass ein inländischen Satzungssitzes nur notwendig ist, solange die Gesellschaft nicht formwechselnd ihren Satzungssitz ins Ausland verlegen will, also eine GmbH bzw. AG deutschen Rechts bleiben will.[260] Einer Satzungssitzverlegung unter Wechsel des anwendbaren Gesellschaftsstatuts darf hingegen nicht die Eintragung ins Handelsregister verweigert werden.[261] Dies gilt allerdings nur bei einer Sitzverlegung in einen anderen EU- bzw. EWR-Staat. Ansonsten bleibt es bei der o.g. Konsequenz der Nichtigkeit des Verlegungsbeschlusses.[262]

---

255 *Hüffer*, § 5 Rn. 7, 13; *Bayer* in: Lutter/Hommelhoff, § 4a Rn. 16; *Fastrich* in Baumbach/ Hueck, § 4a Rn. 2; *Emmerich* in: Scholz, § 4a Rn. 26; *Jaeger* in: Ziemons/Jaeger, § 4a Rn. 9; *Bayer/Schmidt* ZHR 173 (2009), 735, 762.

256 BGH, Urteil vom 26.11.2008 – VIII ZR 200/05, BGHZ 179, 27 – Quelle.

257 Vgl. BGHZ 179, 27, Rn. 26 – Quelle.

258 Vgl. BGHZ 179, 27, Rn. 47 ff. – Quelle.

259 Verneint man die Reduzierung nationalen Rechts aufgrund der Herleitung des generellen Sinn und Zwecks nationaler Vorschriften zur Interpretation im Sinne des primären Unionsrechts, so käme u.U. eine gemeinschaftsrechts- und systemkonforme Rechtsfortbildung extra legem in Betracht, die zu dem gleichen Ergebnis führen würde, dass eine Satzungssitzverlegung unter Umwandlung in einen anderen Mitgliedstaat gestatten ist.

260 *Zimmer/Naendrup* NJW 2009, 545, 549; *Teichmann* ZIP 2009, 393, 402; *Bayer/Schmidt* ZHR 173 (2009), 735, 762.

261 *Leible* in: FS G. Roth, 447, 452 f.

262 *Leible/Hoffmann* BB 2009, 58, 60; *Teichmann* ZIP 2009, 393, 402; *Busekist* GmbHR 2004, 650, 653; *Jaeger* in: Ziemons/Jaeger, § 4a Rn. 9a.

Verlegt eine Gesellschaft aus einem anderen Mitgliedstaat ihren Satzungssitz unter Umwandlung nach Deutschland, hat das deutsche Handelsregister diesen grenzüberschreitenden Rechtsformwechsel anzuerkennen.[263] Mit Blick auf die Ausführungen zur isolierten Satzungssitzverlegung jedoch nur, sofern auch der Verwaltungssitz nach Deutschland verlegt wird.[264] Durch die Satzungssitzverlegung nach Deutschland wird die zuziehende Gesellschaft ferner auch dem Erfordernis eines inländischen Satzungssitzes nach § 4a GmbHG bzw. § 5 AktG gerecht.[265]

---

263 Vgl. EuGH – Vale, NJW 2012, 2715, Rn. 36 ff.

264 Vgl. EuGH – Vale, NJW 2012, 2715, Rn. 34.

265 Str. ist, ob auch eine Satzungssitzverlegung ohne Rechtsformwechsel nach Deutschland zugelassen werden muss. Vom EuGH wurde diese Frage bislang nicht ausdrücklich geklärt; zust. *Emmerich* in: Scholz, § 4a Rn. 27; *Michalski/Funke* in: Michalski, § 4a Rn. 23 ff.; *Otte/Rietschel* GmbHR 2009, 983, 984; wohl auch *Schön* ZGR 2013, 333, 355 f; a.A. *Fastrich* in Baumbach/Hueck, §4a Rn. 2; *Kindler* in: MüKoBGB, IntGesR, Rn. 404; zweifelnd auch *Leible* in: Michalski, Syst. Darst. 2 Rn. 186; i.d.R. wird jedoch bereits der Wegzugsstaat dies unterbinden.

Teil 4 Bestimmung des anzuwendenden Rechts

A. Problemstellung

Die Beurteilung, unter welchen Voraussetzungen ein grenzüberschreitender Rechtsformwechsel innerhalb der EU zulässig und mit der Niederlassungsfreiheit vereinbar ist, ist nur der erste Schritt bei dessen praktischer Umsetzung. Wesentlicher ist es für eine formwechselnde Gesellschaft, welche bereits bestehenden Regelungen auf einen grenzüberschreitenden Rechtsformwechsel Anwendung finden.

Im Gegensatz zu rein innerstaatlichen Sachverhalten sind bei transnationalen Umstrukturierungen mehrere nationale Rechtsordnungen beteiligt. Nationales Recht ist nicht ohne Weiteres auf diese übertragbar. Vielmehr bedarf es einer Harmonisierung der an der Umstrukturierungsmaßnahme beteiligten Rechtsordnungen. Dies gilt auch für einen grenzüberschreitenden Rechtsformwechsel. Hierbei ist zwar anfänglich nur eine nationale Rechtsordnung beteiligt, zur wirksamen Umsetzung bedarf es jedoch zwingend der Berücksichtigung der Rechtsordnung des ausländischen Zielrechtsträgers. Insbesondere muss bei der Durchführung eines grenzüberschreitenden Rechtsformwechsels ein angemessener Schutz von Gläubigern und Minderheitsgesellschaftern sowie die Sicherstellung der Arbeitnehmermitbestimmung gewährleistet werden.[266] Inwiefern dabei bereits bestehende nationale und europäische Regelungen entsprechend zur Anwendung gelangen, gilt es zu klären.

Zurzeit gibt es nur in wenigen Mitgliedstaaten nationale Regelungen, die einen grenzüberschreitenden Rechtsformwechsel ausdrücklich zulassen.[267] Allerdings existieren in diesen zumeist keine spezifischen Verfahrensvorschriften, die speziell auf einen grenzüberschreitenden Rechtsformwechsel zugeschnitten sind.[268]

---

266 *Ege/Klett* DStR 2012, 2442, 2445; *Zimmer/Naendrup* NJW 2009, 545, 547; *Weller* in: Zentrum für Europäisches WirttschaftsR, S. 2; *ders.* in: FS Blaurock, 497, 500.

267 *Böttcher/Kraft* NJW 2012, 2701, 2703; *Teichmann* ZIP 2009, 393, 402; so z.B. Portugal (Art. 3, 97 CSC), Luxemburg (Art. 67-1 LSC), Frankreich (Art. L 223-30 Abs. 1 C.com.) und Spanien (Art. 92 ff. LME); siehe dazu Fn. 57-60.

268 *Wicke* DStR 2012, 1756, 1758; im spanischen Recht bestehen im Ansatz Regelungen für eine Satzungssitzverlegung ins Ausland bzw. nach Spanien unter Wechsel der Rechtsform; vgl. Art. 92 ff. LME Ley 3/2009; siehe dazu *Löber/Lozano/Steinmetz* in: Süß/Wachter, S. 1611 Rn. 272 ff.; *Leible* in: FS G. Roth, 447, 453.

Vielmehr wird auf das bereits für innerstaatliche Vorgänge bestehende nationale Verfahrensrecht verwiesen. Diese können den besonderen Anforderungen eines grenzüberschreitenden Rechtsformwechsels allerdings nur teilweise gerecht werden[269], da hierbei der grenzüberschreitende Bezug nur bedingt berücksichtigt werden kann. In den meisten Mitgliedstaaten, wie z.B. Deutschland, gibt es keine Regelungen betreffend einen grenzüberschreitenden Rechtsformwechsel.[270] Auch auf europäischer Ebene bestehen keine Verfahrensregeln, die speziell auf einen grenzüberschreitenden Rechtsformwechsel bzw. einer Satzungssitzverlegung ins Ausland zugeschnitten sind. Selbst wenn es geeignete nationale Regelungen in einem Mitgliedstaat gäbe, besteht die Notwendigkeit das anwendbare Recht zu bestimmten. Folglich ist zu ermitteln, welche bereits bestehenden nationalen und europäischen Regelungen hilfsweise herangezogen und als Orientierung dienen können

B. Bestimmung der anwendbaren Rechtsordnung

I. Vorgaben des EuGH

Grenzüberschreitende Umwandlungen bringen spezifische Probleme mit sich.[271] Zur Lösung dieser bedarf es der „sukzessiven Anwendung von zwei nationalen Rechtsordnungen".[272] Die anwendbaren Vorschriften können beim jetzigen Stand des Unionsrechts im Wesentlichen nur im nationalen Recht gefunden werden.[273] Für den Zuzugsstaat hat das zur Folge, dass er berechtigt ist, die Anwendung seines maßgeblichen innerstaatlichen Rechts, insbesondere der Gründungsvorschriften der entsprechenden Gesellschaftsform, vorzuschreiben.[274] Der Gründungsvorgang wird dabei durch den Umwandlungsvorgang als Anknüp-

---

269 *Messenzehl/Schwarzfischer* BB 2012, 2072, 2073; *Verse* EuZW 2013, 336, 337.
270 Siehe dazu *Cathiard*, Annex I, EAVA, 3/2013, S. 47 ff.
271 EuGH – Sevic, Slg. 2005, I-10805, Rn. 27; EuGH – Vale, NJW 2012, 2715, Rn. 37
272 EuGH – Vale, NJW 2012, 2715, Rn. 37, 44; *Bayer/Schmidt* BB 2013, 3, 10.
273 EuGH – Vale, NJW 2012, 2715, Rn. 43, 49.
274 EuGH – Vale, NJW 2012, 2715, Rn. 50 ff.; *Verse* EuZW 2013, 336; *Schön* ZGR 2013, 333, 360; *Messenzehl/Schwarzfischer* BB 2012, 2072, 2073; *Wicke* DStR 2012, 1756, 1757; *Braun* DZWiR 2012, 411, 414; *Mansel/Thorn/Wagner* IPRax 2013, 1, 4; *Drygala* EuZW 2013, 569, 572; *Schröder/Fischer* VersR 2013, 686 f.

fung für die Existenz der Gesellschaft nach nationalem Recht ersetzt.[275] Die Anwendung der Gründungsvorschriften ist auch mit der Inspire Art-Entscheidung des EuGH[276] vereinbar, wonach die Anwendung der Vorschriften über die Aufbringung des Mindestkapitals auf zuziehende ausländische Gesellschaften gegen die Niederlassungsfreiheit verstößt.[277] Beim grenzüberschreitenden Rechtsformwechsel kommt es zur Umwandlung in die Rechtsform des Zuzugsstaates, so dass nach Durchführung des Umwandlungsvorgangs keine ausländische Gesellschaftsform mehr besteht.

Die Anwendung nationalen Umwandlungsrechts muss sich stets an den Bestimmungen der Niederlassungsfreiheit messen lassen. Das bedeutet vor allem, dass dem Äquivalenzprinzip Rechnung getragen werden muss. Ein grenzüberschreitender Rechtsformwechsel darf nicht ungünstiger behandelt werden als ein gleichartiger innerstaatlicher Rechtsformwechsel.[278] Außerdem dürfen nach dem Effektivitätsprinzip die der Ausübung der Gesellschaft zustehenden Rechte nicht durch die Anwendung nationaler Vorschriften praktisch unmöglich gemacht oder übermäßig erschwert werden.[279] Insbesondere sind die vom Wegzugsstaat ausgestellten Dokumente vollumfänglich vom Zuzugsstaat anzuerkennen, andernfalls liegt eine Beschränkung der Niederlassungsfreiheit vor.[280] Die Mitgliedstaaten sind bei der Anwendung nationalen (Umwandlung-) Rechts weiterhin verpflichtet, sämtliche rechtsmethodischen Mittel des inländischen Rechts anzuwenden, um dem Unionsrecht, ausgestaltet durch die Rechtsprechung des EuGH, Wirkung zu verleihen.[281]

---

275 *Behme* NZG 2012, 936, 938; vgl. zur Neugründung auf Grund des Statutenwechsel *Behrens* ZEuP 2007, 324, 335; *Noack*, Handelsblatt v. 16.07.2012; *Drygala* 2013, 569, 572.

276 EuGH – Inspire, Slg. 2003, I-10155.

277 EuGH – Inspire, Slg. 2003, I-10155, Rn. 107.

278 EuGH – Vale, NJW 2012, 2715, Rn. 48, 54 f.

279 EuGH – Vale, NJW 2012, 2715, Rn. 48.

280 EuGH – Vale, NJW 2012, 2715, Rn. 61 f.

281 EuGH – Pfeiffer, Slg. 2004, I-8835, Rn. 114 ff.; EuGH – Nikolaus Brennerei, Slg. 1984, 1051, Rn. 16; *Höpfner/Rüthers* AcP 209 (2009), 1, 18; *Henning*, S. 295; *Behrens* EuZW 1994, 289; zur richtlinienkonformen Umsetzung nationalen Rechts *Preis/Sagan* ZGR 2013, 26, 52; *Lutter* in: Systembildung und Systemlücken, 121, 141.

II. Kombinationslehre

Aus den dargelegten Prämissen des EuGH folgt, dass es bei der Umsetzung eines grenzüberschreitenden Rechtsformwechsels der Anwendung zweier Rechtordnungen bedarf. Nach der sog. Kombinationslehre[282] sind die an dem Umwandlungsvorgang beteiligten Rechtsordnungen kumulativ bezüglich der Zulässigkeit und Voraussetzungen sowie des Verfahrens heranzuziehen.[283] Die Zulässigkeit eines grenzüberschreitenden Rechtsformwechsels ergibt sich dabei aus den dazu ergangenen EuGH-Entscheidungen.[284] Im Ergebnis entspricht die Anwendung der Kombinationslehre auf einen grenzüberschreitenden Rechtsformwechsel der, insbesondere für grenzüberschreitende Verschmelzungen anwendbaren, (modifizierten) Vereinigungstheorie.[285] Diese beruft das für die umwandelnde Gesellschaft und für die Zielrechtsform maßgebende nationale Gesellschaftsstatut. Es kommt zur kumulativen Anwendung des nationalen und ausländischen Gesellschaftsstatuts, wobei sich bei Normwidersprüchen die strengeren Regelungen durchsetzen.[286]

Wie bei anderen transnationalen Umwandlungsarten sind auch bei einem grenzüberschreitenden Rechtsformwechsel, wenn auch zeitlich nachgelagert, zwei verschiedene Rechtsordnungen beteiligt.[287] Aufgrund dessen, dass die Anwendung der beteiligten Rechtsordnungen grundsätzlich zeitlich nacheinander

282 Vgl. zum Begriff *Leible* in: Michalski, Syst. Darst. C Rn. 15 ff; *Hoffmann* in: Nomos BGB, AT, Art. 12 EGBGB Rn. 187 ff.; ausdrücklich kodifiziert ist diese z.B. in Belgien, Italien und Polen, dazu *Weller* in. FS Blaurock, 497, 516.

283 *Weller* in: FS Balurock, 497, 516; *Leible* in: Michalski, Syst. Darst. C Rn. 15; vgl. diesbzgl. zur Vereinigungstheorie *Lutter/Drygala* in: Lutter, § 1 Rn. 17; *Jaensch* EWS 2012, 353, 357; *Bergmann* ZEuS 2012, 233, 247; *Spahlinger/Wegen* NZG 2006, 721; *dies.* in: Spahlinger/Wegen, Rn. 504.

284 Vgl. EuGH – Cartesio, Slg. 2008, I-9641, Rn. 111 f. und EuGH – Vale, NJW 2012, 2715, Rn. 41.

285 *Kindler* in: MüKoBGB, IntGesR, Rn. 875 f.; *Busekist* GmbHR 2004, 650, 651; zur Vereinigungstheorie *Paefgen* GmbHR 2004, 463; *Spahlinger/Wegen* NZG 2006, 721; *Drinhausen* in: Semler/Stengel, Einl. C Rn. 16; *Hoffmann* in: NomosBGB, AT, Art. 12 EGBGB Rn. 187; *Engert* in: Langenbucher, § 5 Rn. 102.

286 *Drinhausen* in: Semler/Stengel, Einl. C Rn. 16; *Jaensch* EWS 2012, 353, 357; *ders.* in: Keßler/Kühnberger, Vor §§ 190 ff. Rn. 14; *Busekist* GmbHR 2004, 650, 651; *Bergmann* ZEuS 2012, 233, 247; *Spahlinger/Wegen* NZG 2006, 721, 722.

287 *Hoffmann* in: MüHdb GesR, IntGesR, § 54 Rn. 10; *Jaensch* EWS 2012, 353, 357; *ders.* EWS 2007, 97, 98.

erfolgt, ist die bestehende Kombinationslehre entsprechende anzupassen.[288] Es kommt nicht unmittelbar zu einer kumulativen Anwendung der beteiligten Rechtsordnungen, sondern vielmehr zu einer zeitlich aufgespaltenen Anknüpfung.[289] Das Recht des neuen Rechtsträgers kommt grundsätzlich erst nach Eintragung der Verlegung des Satzungssitzes in das Handelsregister des Wegzugsstaates zur Anwendung.[290] Bis dahin bleibt, vorbehaltlich etwaiger besonderer Schutzvorschriften, das Recht des Ausgangsrechtsträgers maßgeblich. Dies ist auch mit der Vale-Entscheidung und der damit verbundenen Zulässigkeit der Anwendung nationalen Umwandlungsrechts stimmig.[291]

III. Zeitlicher Anknüpfungspunkt

Aufgrund der geltenden Kombinationslehre, wobei bezüglich eines grenzüberschreitenden Rechtsformwechsels zwei nationale Rechtordnungen zwar nicht gleichzeitig jedoch nacheinander zur Anwendung gelangen, kann deutsches Umwandlungsrecht nur bis bzw. ab einem bestimmen Zeitpunkt angewandt werden.[292] Die Anwendung deutschen Verfahrensrechts hängt demnach davon ab, ob es sich um einen Heraus- oder Hereinformwechsel handelt. Bei einem grenzüberschreitenden Rechtsformwechsel wird das anwendbare Recht durch das Gesellschaftsstatut bestimmt, das der Rechtsträger zum entsprechenden Zeitpunkt innehat.[293]

Beim Herausformwechsel ist deutsches Recht grundsätzlich bis zum Zeitpunkt der Eintragung des Formwechsels der Gesellschaft in das deutsche Handelsregister anwendbar.[294] Insbesondere für die mit der Beschlussfassung zum Formwechsel einhergehenden Rechtsfragen, wie z.B. die Klage gegen den Umwandlungsbeschluss und die Durchsetzung eines sachgerechten Gläubigerschutzes gilt deutsches Umwandlungsrecht. Sofern dabei bereits Bezug auf den ausländi-

---

288 *Weller* in: FS Blaurock, 497, 517; *ders.* in: Zentrum für Europäisches WirtschaftsR, S. 23.

289 *Weller* in: FS Blaurock, 497, 517; *ders.* in: Zentrum für Europäisches WirtschaftsR, S. 23.

290 *Sonnenberger* in: MüKoBGB, Einl., Rn. 678, 680; *Weller* in: FS Blaurock, 497, 517; *Spahlinger/Wegen* NZG 2006, 721, 722; *Hoffmann* in: NomosBGB, AT, Art. 12 EGBGB Rn. 194.

291 Vgl. EuGH – Vale, NJW 2012, 2715, Rn. 37, 44.

292 *Teichmann* ZIP 2006, 355, 361.

293 *Spahlinger/Wegen* NZG 2006, 721; *dies.* in: Spahlinger/Wegen, Rn. 504.

294 *Teichmann/Ptak* ZIP 2010, 817, 822; *Hoffmann* in: MüHdb GesR, IntGesR, § 54 Rn. 12; *ders.* in: Nomos BGB, AT, Art. 12 EGBGB Rn. 194.

schen Zielrechtsträger genommen wird, kann gegebenenfalls das Recht des Zuzugsstaates ergänzend Wirkung erlangen, um gegebenenfalls eine bessere Koordnination des Umwandlungsverfahrens zu gewährleisten und Widersprüche frühzeitig zu klären.

Das Recht des Zuzugsstaates ist auf die Modalitäten des Zielrechtsträgers anzuwenden. Beim Hereinformwechsel ist deutsches Umwandlungsrecht somit ab der Eintragung des ausländischen Ausgangsrechtsträgers in dessen heimisches Handelsregister maßgeblich, denn ab diesem Zeitpunkt ist die Wirksamkeit des grenzüberschreitenden Rechtsformwechsels vom Zuzugsstaat abhängig.[295] Nur wenn dieser das ordnungsgemäße Entstehen des Zielrechtsträgers bejaht und diesen als Gesellschaft neuer Rechtsform in sein nationales Handelsregister einträgt, erlangt der grenzüberschreitende Rechtsformwechsel vollumfänglich Wirksamkeit. Für eine nach Deutschland zuziehende Gesellschaft bedeutet dies, dass sie nach § 197 S. 1 UmwG analog die Gründungs- und Kapitalerhöhungsvorschriften des entsprechenden deutschen Zielrechtsträgers beachten muss.[296] Bei einem grenzüberschreitenden Rechtsformwechsel in eine deutsche Kapitalgesellschaft muss demgemäß zwingend das vorgeschriebene Mindestkapital aufgebracht werden.[297] Weiterhin darf das Grund- bzw. Stammkapital den Wert des Nettoaktivvermögens nicht übersteigen (Verbot der Unter-pari-Emission).[298]

Eine Koordinierung der beteiligter Rechtsordnungen bzw. Registergerichte bedarf es bei der Ausgestaltung des Inhalts des Umwandlungsbeschlusses und bei der Eintragung des grenzüberschreitenden Rechtsformwechsels in die jeweiligen Handelsregister.[299] Dabei sind vom Zuzugsstaat insbesondere die ausgestellten Dokumente des Wegzugsstaates anzuerkennen.[300] Dies zeigt, dass es beim gesamten Umwandlungsvorgang dem Zusammenwirken beider Rechtordnungen

---

295 *Hoffmann* in: MüHdb GesR, IntGesR, § 54 Rn. 18 f.

296 *Hoffmann* in: MüHdb GesR, IntGesR, § 54 Rn. 13; *W.-H. Roth* in: FS Hoffmann Becking, 965, 983; *Teichmann/Ptak* ZIP 2010, 817, 822; *Rubner* NJW-S 2012, 527, 528; siehe auch *Zimmer/Naendrup* NJW 2009, 545, 547; *Schön* ECFR 2006, 122, 145; *ders.* ZGR 2013, 333, 348, 360.

297 *Bergmann* ZEuS 2012, 233, 253; *Schön* ZGR 2013, 333, 348; *Ruiner* IStR 2012, 257, 259; *Teichmann* ZIP 2009, 393, 402.

298 Vgl. zum Verbot der Unter-pari-Emission aus rechtsvergleichender Sicht *Lutter*, S. 158 ff., 513 ff.

299 Vgl. zur Koordninierung der betroffenen Rechtsordnungen bei grenzüberschreitenden Umwandlungen *Leible* in: FS G. Roth, 447, 454.

300 Vgl. EuGH – Vale, NJW 2012, 2715, Rn. 58.

bedarf. Allein vor diesem Hintergrund kann ein grenzüberschreitender Rechtformwechsel Erfolg haben.[301]

C. Bestimmung des materiellen (Verfahrens-)Rechts

I. Anwendung des Art. 8 SE-VO

1. Regelungsgehalt und Bedeutung

Art. 8 SE-VO regelt die Verlegung des Satzungssitzes einer Europäischen Aktiengesellschaft (SE) von einem Mitgliedstaat in einen anderen. Art. 8 Abs. 2-13 SE-VO bestimmen ausführlich das auf eine grenzüberschreitende Sitzverlegung anwendbare Verfahren. Nicht bzw. nur teilweise geregelte Bereiche unterliegen nach Art. 9 Abs. 1 lit. c) (ii) SE-VO grundsätzlich dem Recht der Mitgliedstaaten.[302] Mit Art. 8 SE-VO bestehen somit durchaus europäische Vorschriften, die einer Satzungssitzverlegung ins Ausland, wie sie auch bei einem grenzüberschreitenden Rechtsformwechsel vorliegt, erfassen.

Weitere Gemeinsamkeit mit einer Sitzverlegung nach Art. 8 SE-VO ist, dass bei beiden die Identität des Rechtsträgers durch die Satzungssitzverlegung gewahrt bleibt.[303] Nach Art. 8 Abs. 1 S. 2 SE-VO kommt es durch die Sitzverlegung in einen anderen Mitgliedstaat ebenfalls nicht zur Auflösung der Gesellschaft. Die Sitzverlegung einer SE geht allerdings nicht mit einer Änderung der Rechtform der Gesellschaft einher.[304] Es ändert sich lediglich das subsidiär anwendbare, mitgliedstaatliche Recht.[305] Die Rechtsform der SE bleibt erhalten. Beim grenzüberschreitenden Rechtsformwechsel ändert sich hingegen zwingend das auf die formwechselnde Gesellschaft anwendbare Gesellschaftsstatut.

---

301 *Bollacher* RIW 2012, 717, 718; *Teichmann* ZGR 2011, 639, 689.

302 *Schön* in: FS Hopt, 1343, 1344.

303 *Oechsler* in: MüKoAktG, Art. 8 SE-VO, Rn. 3a; *Schröder* in: Manz/Mayer/Schröder, Art. 8 Rn. 10, 18; *Esposito*, S. 3; *Andenas/Wooldridge*, S. 392 f.

304 *Oechsler* in: MüKoAktG, Art. 8 SE-VO, Rn. 3a; *Casper* in: Spindler/Stilz, Art. 8 SE-VO Rn. 1.

305 *Weller* ZGR 2010, 679, 692; *Casper/Weller* NZG 2009, 681, 684; *Esposito*, S. 3.

2. Analoge Anwendung des Art. 8 SE-VO

a) Einführung

Bislang ist nicht eindeutig geklärt, inwiefern Art. 8 SE-VO analog auf einen grenzüberschreitenden Rechtsformwechsel anwendbar ist. Teilweise wird dies ausdrücklich bejaht[306] oder aber Art. 8 SE-VO als „Orientierungshilfe“[307] angesehen. *Bayer/Schmidt* befürworten eine „vorsichtige partielle Analogie“.[308] Andere schließen hingegen eine Analogie aus.[309] Es bedarf daher einer genauen Prüfung, inwiefern Art. 8 SE-VO bei der Bestimmung des auf einen grenzüberschreitenden Rechtsformwechsel anwendbaren Verfahrensrechts herangezogen werden kann.

Ein Analogieschluss auf europäischer Ebene ist nicht gänzlich mit einer analogen Anwendung nationaler Normen gleichzusetzen.[310] Das wird zum Beispiel dadurch deutlich, dass der EuGH vielmehr von einer Auslegung, als von einer im deutschen Recht bekannten Rechtsfortbildung mittels Analogie spricht.[311] Im Gegensatz zur deutschen Methodik bezeichnet der EuGH auch Ergänzungen des geschriebenen Rechts, die nicht mehr vom Wortlaut der jeweiligen Norm gedeckt sind, als Interpretation im Sinne einer Auslegung und folgt damit vielmehr dem französichen Begriffsverständnis.[312]

---

306 *Teichmann* ZIP 2009, 393, 403 f.; *ders.* LMK 2009, 275584; *Paefgen* WM 2009, 529, 533; *Behme* NZG 2012, 936, 939; offen lassend *Schön* ZGR 2013, 333, 362.

307 *Lutter/Drygala* in: Lutter, § 1 Rn. 19; *Herrler* DNotZ 2009, 484, 489; *Wicke* DStR 2012, 1756, 1758 f.; i.E. auch *Jaensch* EWS 2012, 353, 358.

308 *Bayer/Schmidt* ZIP 2012, 1481, 1488, 1491; *dies.* ZHR 173 (2009), 735, 757 ff.; *Lutter/Bayer/Schmidt*, § 6 Rn. 67, 69.

309 *Otte/Rietschel* GmbHR 2009, 983, 986; *Kindler* NZG 2009, 130, 131; wohl auch *Hoffmann* in: MüHdb GesR, IntGesR, § 54 Rn. 11; *Richter/Heyd* StuW 2010, 367, 371; *Mansel/Thorn/Wagner* IPRax 2013, 1, 5 f.

310 *Wank*, S. 102; vgl. zur Modifikation der „klassischen Methodenlehre bei internationalen Implikationen“ *Weller* ZGR 2010, 679, 693 ff., 708; *Behrens* EuZW 1994, 289; *Henninger*, S. 299.

311 Vgl. EuGH – Sturgeon, Slg. 2009, I-10923, Rn. 40 ff.; *Wank*, S. 102; *Henninger*, S. 298; vgl. zur Begriffswahl auch BGHZ 179, 27, Rn. 31 – Quelle.

312 Vgl. EuGH – Brasserie du Pêcheur, Slg. 1996, I-1029, Rn. 27; *Metzger*, S. 394; *Hager*, S. 261 Rn. 34.

Im europäischen Recht erfolgt die Auslegung i.S. einer Rechtsfortbildung durch den EuGH.[313] Er ist für die Auslegung von Primär- und Sekundärrecht zuständig. Bei der SE-VO als europäischen Sekundärrechtsakt ist eine Analogiebildung zumindest nicht ausgeschlossen[314], stellt jedoch eine Ausnahme dar,[315] da die SE-VO ein grundsätzlich in sich geschlossener Regelungsbereich ist. Die analoge Anwendung der SE-VO im Allgemeinen auf andere Sachverhalte ist somit durchaus zulässig.[316] Es gilt zu klären, ob dies speziell auch für Art. 8 SE-VO und die analoge Anwendung auf einen grenzüberschreitenden Rechtsformwechsel nationaler Gesellschaftsformen zutrifft.

b) Analogievoraussetzungen

aa) Gesetzgebungskompetenz

Für eine Analogiebildung auf europäischer Ebene muss dem europäischen Gesetzgeber sowohl die Regelungskompetenz für den geregelt Fall (Sitzverlegung einer SE) als auch für den bisher ungeregelt Fall (grenzüberschreitender Rechtsformwechsel) zustehen.[317] Dies ergibt sich daraus, dass der europäische Gesetzgeber nur eine begrenzte Rechtssetzungskompetenz hat und eine analoge Anwendung des Art. 8 SE-VO diese nicht überschreiten darf.[318]

---

313 *Neuner* in: Riesenhuber, § 13 Rn. 7 f.; *Höpfner/Rüthers* AcP 209 (2009), 1, 18; *Metzger*, S. 394; *Hager*, S. 262 Rn. 38; *Wirtz*, S. 144 f.

314 *Schön* in: FS Hopt, 1343, 1356, 1360; vgl. auch *Metzger*, S. 395 ff.; *Wirtz*, S. 92 f., 142; zur Rechtsfortbildung durch den EuGH im Sekundärrecht siehe EuGH – Hannoversche Zucker, Slg. 1974, 121 Rn. 4.

315 *Neuner* in: Riesenhuber, § 13 Rn. 37; vgl. zum Ausnahmecharakter analoger Anwendung europäischen Sekundärrechts *Henninger*, S. 299, 301; siehe auch EuGH – Krohn, Slg. 1985, 3997, Rn. 14.

316 *Schäfer* in: MüKoAktG, Art. 9 SE-VO Rn. 15; *Casper* in: Spindler/Stilz, Art. 9 SE-VO Rn. 8.

317 Grundlegend zum Erfordernis der Gesetzgebungskompetenz bei einer europäischen Analogiebildung *S. Jung*, S. 40, 302 (zur SPE); siehe auch *Metzger*, S. 394; allgemein zur Notwendigkeit vom nationalen Recht abweichenden Analogievoraussetzungen *Henninger*, S. 299 ff.

318 *S. Jung*, S. 40; *Neuner* in: Riesenhuber, § 13 Rn. 29; *Metzger*, S. 394, 399; vgl. auch *Henninger*, S. 300.

Die Regelungskompetenz im Bereich der Sitzverlegung nach Art. 8 SE-VO ist unumstritten. Die SE-VO beruht auf der Rechtssetzungskompetenz nach Art. 352 AEUV.[319] Die Sitzverlegung der SE ist Teil der Verordnung, durch die eine einheitliche und funktionsfähige Rechtsform geschaffen werden sollte.[320] Der europäische Gesetzgeber besitzt demnach die Kompetenz, die Sitzverlegung einer SE ausdrücklich zu regeln.

Für eine Analogie bedarf es zusätzlich der Kompetenz im Bereich des grenzüberschreitenden Rechtsformwechsels. Bei dessen Durchführung innerhalb der EU sind mehrere Mitgliedstaaten beteiligt. Es handelt sich daher um einen Sachverhalt mit Bezug zum europäischen Binnenmarkt.[321] Dies wird dadurch deutlich, dass ein grenzüberschreitender Rechtsformwechsel grundsätzlich von der Niederlassungsfreiheit erfasst ist.[322] Zur Verwirklichung der Niederlassungsfreiheit ist der europäische Gesetzgeber gem. Art. 50 Abs. 2 lit. g) AEUV befugt, Richtlinien zum Schutz von Gesellschaftern und Gläubigern zu erlassen, also das Europäische Gesellschaftsrecht zu harmonisieren.[323] Darunter fallen auch transnationale Umwandlungsvorgänge.[324] Der Grundsatz der begrenzten Einzelermächtigung und das Subsidiaritätsprinzip stehen einer Kompetenz des europäischen Gesetzgebers im Bereich eines grenzüberschreitenden Rechtsformwechsels ebenfalls nicht entgegen.[325] Dem europäischen Gesetzgeber steht demzufolge im Bereich eines grenzüberschreitenden Rechtsformwechsels ebenfalls die entsprechende Kompetenz zu.[326]

---

319 *Lutter/Bayer/Schmidt*, § 2 Rn. 12 f.; *Habersack/Verse*, § 13 Rn. 3.

320 *Casper* in: FS Ulmer, 51, 57; *ders.* in: Spindler/Stilz, Art. 9 SE-VO Rn. 18; *Teichmann* ZGR 2002, 383, 405 ff.

321 Vgl. zum Binnenmarktbezug *Teichmann* ZGR 2011, 639, 647 f.; *Weller*, Zentrum für Europäisches WirtschaftsR, S. 6.

322 Vgl. EuGH – Cartesio, Slg. 2008, I-9641, Rn. 111 f. und EuGH – Vale, NJW 2012, 2715, Rn. 41; siehe auch *Schön* ZGR 2013, 333, 357.

323 *Weller* in: Gebauer/Wiedmann, Kapitel 21 Rn. 9; *v. Bismarck*, S. 195; *Engert* in: Langenbucher, § 5 Rn. 4.

324 Wie z.B. Richtlinie 2005/56/EG über Grenzüberschreitende Verschmelzungen und Vorentwurf zur Sitzverlegungs-RL v. 20.4.1997, KOM XV/6002/97 endg.

325 Vgl. zur Erforderlichkeit i.S.v. Art. 50 Abs. 2 lit. g) AEUV und dem Subsidiaritätsgebot *Lutter* in: Systembildung und Systemlücken, 121, 141 f.

326 Vgl. zur Richtlinienkompetenz *Lutter/Bayer/Schmidt*, § 32 Rn. 1, 6; *Grundmann*, Rn. 836 f.; zur begrenzten Richtlinienkompetenz bei isolierter Satzungssitzverlegung *Mörsdorf/Jopen* ZIP 2012, 1398, 1399; *Böttcher/Kraft* NJW 2012, 1701, 1703.

bb) Anstreben von Widerspruchsfreiheit

Weiterhin müssen sowohl die Sitzverlegung einer SE nach Art. 8 SE-VO sowie der grenzüberschreitender Rechtsformwechsel zu einem Bereich gehören, für den der europäische Gesetzgeber Widerspruchsfreiheit anstrebt.[327] Die Widerspruchsfreiheit bildet die Voraussetzung für die Ähnlichkeit beider Fallgestaltungen[328] und damit, dass gleichartige Sachverhalte innerhalb der Regelungskompetenz des europäischen Gesetzgebers gleich zu behandelt sind.[329] Das Europäische Gesellschaftsrecht als Ganzes stellt keinen widerspruchsfreien Bereich dar.[330] Für den speziellen Fall der grenzüberschreitenden Satzungssitzverlegung muss daher für sich nachgewiesen werden, dass der europäischen Gesetzgeber in diesem Bereich Widerspruchsfreiheit anstrebt.

Sowohl bei der Sitzverlegung nach Art. 8 SE-VO als auch beim grenzüberschreitenden Rechtsformwechsel handelt es sich um eine grenzüberschreitende Umstrukturierungsmaßnahme, bei der die (subsidiär) auf die Gesellschaft anwendbare Rechtsordnung wechselt. Bei der Beurteilung der Widerspruchsfreiheit innerhalb dieses Bereiches ist die Ausgestaltung diesbezüglicher Verfahrensschritte bei anderen grenzüberschreitenden Umstrukturierungsvorgängen heranzuziehen. Betrachtet man die Vorschriften zur Sitzverlegung bei anderen supranationalen Gesellschaftsformen[331] im Vergleich zur Sitzverlegung nach Art. 8 SE-VO, so sind diese, vorbehaltlich rechtsformspezifischer Besonderheiten, durchaus vergleichbar. Ein weiteres Indiz, dass vom europäischen Gesetzgeber Widerspruchsfreiheit angestrebt wird, ist, dass auch beim Erlass bzw. bei der Planung von Richtlinien bezüglich grenzüberschreitender Umstrukturierungsvorgänge[332] auf das bereits bestehen Verfahren nach Art. 8 SE-VO zurückgegriffen wurde. Eine einheitliche Vorgehensweise bei grenzüberschreitenden Umstrukturierungen ist vom europäischen Gesetzgeber somit durchaus zu

327 Vgl. zur Erfordernis der Widerspruchsfreiheit bei einer Analogiebildung auf europäischer Ebene *S. Jung*, S. 40 (zur SPE).

328 Vgl. zur Ähnlichkeit i.S.e. „weitgehenden“ Konkgruenz des geregelten und ungeregelten Fall EuGH – Krohn, Slg. 1985, 3997, Rn. 14; *Henninger*, S. 301.

329 Zur Ähnlichkeitsprüfung auf europäischer Ebene siehe *Neuner* in: Riesenhuber, § 13 Rn. 32.

330 Dazu mit Begründung *S. Jung*, S. 40 f.; wohl auch *Wirtz*, S. 229.

331 Vgl. Art. 14 EWIV-VO; Art. 7 SCE-VO, Art. 36 SPE-VO-E; Art. 36 FE-VO-E.

332 Richtlinie 2005/56/EG über Grenzüberschreitende Verschmelzungen und Vorentwurf zur Sitzverlegungsrichtlinie v. 20.4.1997, KOM XV/6002/97 endg.

erkennen und beabsichtigt.[333] Er ist bestrebt, einen überwiegend einheitlichen Verfahrensablauf zu etablieren und damit Widerspruchsfreiheit zu schaffen. Dazu zählt auch das Verfahren eines grenzüberschreitenden Rechtsformwechsels bzw. einer Satzungssitzverlegung in einen anderen Mitgliedstaat.

cc) Planwidrige Regelungslücke

Für eine analoge Anwendung bedarf es einer planwidrigen Regelungslücke.[334] Die durch Analogie auszufüllende Regelungslücke[335] kann nur bestehen, wenn eine vorherige Lückenfüllung durch die Anwendung nationalen Rechts vom europäischen Gesetzgeber nicht beabsichtigt ist.[336] Ist dies hingegen der Fall, kann allenfalls eine externe Regelungslücke[337] vorliegen, die jedoch nicht durch eine analoge Anwendung des Gemeinschaftsrechts, sondern vielmehr durch die Ausgestaltung der auf der europäischen Regelung basierenden nationalen Vorschriften geschlossen wird.[338] Für die analoge Anwendung des Art. 8 SE-VO auf einen außerhalb der Verordnung liegenden Sachverhalt bedeutet dies, dass eine Analogie nur in Betracht kommt, wenn die Regelungen für die Sitzverlegung nach Art. 8 SE-VO in sich abschließend sind und eine Ergänzung sowie Konkretisierung durch nationales Recht nicht eingreift.[339] In diesem Fall ist eine bestehende Lücke innerhalb der Norm[340] durch Analogie in ihrem Anwendungsbereich zu erweitern.[341] Von einer (internen) Lücke[342] kann folglich nur dann

333 Vgl. zur Verwirklichung eines gewissen genuin europäischen Gesellschaftsrechts *Schön* in: FS Hopt, 1343, 1360.

334 Vgl. zum Erfordernis einer Lücke bei der analogen Anwendung einer Regelungen einer Verordnung EuGH – Krohn, Slg. 1985, 3997, Rn. 14; das Kriterium einer planwidrigen Unvollständigkeit als Vorraussetzung einer analogen Anwendung von Gemeinschaftsrecht hingegen aufgrund einer „dynamischen Gemeinschaftsordnung“ ablehnend *Metzger*, S. 453; die Voraussetzung der Planwidrigkeit ablehnend *Wirtz*, S. 230; die Prüfung des Vorliegens einer planwidrigen Regelungslücke jedoch ebenfalls anbringend *S. Jung*, S. 44.

335 Vgl. zu Begriff, Arten und Funktion von Regelungslücken in der SE-VO *Wirtz*, S. 88 ff.

336 *Casper* in: Spindler/Stilz, Art. 9 SE-VO Rn. 18; *Schäfer* in: MüKoAktG, Art. 9 SE-VO Rn. 15; *Schröder* in: Manz/Mayer/Schröder, Art. 9 Rn. 10.

337 Vgl. zum Begriff einer externen Regelungslücke im Gemeinschaftsrecht *Riesenhuber*, S. 69 f.

338 *Franzen*, S. 637; *Riesenhuber*, S. 68 f.

339 *Casper* in: FS Ulmer, 51, 59.

340 Siehe zum Bedürfnis einer Lücke innerhalb der entsprechenden Norm (sog. interne Lücke) auch Art. 7 Abs. 2 CISG.

341 Vgl. zum Vorliegen einer planwidrigen Lücke in der SE-VO *Schröder* in: Manz/Mayer/Schröder, Art. 9 Rn. 10.

gesprochen werden, wenn für den konkreten Bereich der Sitzverlegung einer SE eine vollständige, auf Verweise auf nationales Recht verzichtende, Regelung angestrebt wurde.[343]

An einigen Stellen des Art. 8 SE-VO werden die Mitgliedstaaten ermächtigt, von den bestehenden Vorschriften abzuweichen bzw. diese durch nationale Schutzvorschriften zu ergänzen.[344] Beispielsweise steht nach Art. 8 Abs. 14 S. 1 SE-VO dem Zuzugsstaat unter bestimmten Voraussetzungen ein Widerspruchsrecht gegen die Eintragung der Sitzverlegung zu.[345] Dieses hängt jedoch von dessen mitgliedstaatlicher Ausgestaltung innerhalb des nationalen SE-Ausführungsgesetzes ab. Das lässt erkennen, dass Art. 8 SE-VO trotz seiner ausführlichen Vorschriften zur Sitzverlegung nicht abschließend ist. Er verweist auf nationales Recht, indem er die Mitgliedstaaten legitimiert, weitere Vorschriften für die Sitzverlegung zu erlassen. Der europäische Gesetzgeber hat somit bewusst keine vollständig einheitlichen Verfahrensvorschriften geschaffen. Ist innerhalb der Sitzverlegung nach Art. 8 SE-VO ein Bereich nicht oder nur teilweise geregelt, kommt nach der Generalnormverweisung des Art. 9 Abs. 1 lit. c) SE-VO nationales Aktienrecht zur Anwendung.[346] Sollte eine Regelungslücke bestehen, ist diese daher zuerst durch nationales Recht zu füllen.[347]

Es bleibt festzuhalten, dass das Verfahren nach Art. 8 SE-VO nicht abschließend geregelt ist. Offen gelassene Regelungspunkte werden den Mitgliedstaaten zum Ausfüllen überlassen. Mit Art. 8 SE-VO ist vom europäischen Gesetzesgeber damit bewusst kein volleinheitliches Verfahren für eine grenzüberschreitende Sitzverlegung geschaffen worden. Sollte eine Regelungslücke in Art. 8 SE-VO bestehen, ist diese durch nationales Recht zu schließen.[348] Eine Analogie recht-

342 Vgl. zum Begriff und Voraussetzungen einer internen Lücke im Gemeinschaftsrecht *Riesenhuber*, S. 68; *Franzen*, S. 604 ff.

343 Generell zur Regelungslücke in der SE-VO so auch *Wirtz*, S. 230; vgl. zum Begriff einer Lücke *Larenz*, S. 354 ff.; *Kramer*, S. 181 ff.

344 *Casper* in: Spindler/Stilz, Art. 8 SE-VO Rn. 6; *Oechsler* in: MüKoAktG, Art. 8 SE-VO Rn. 56 ff., *Schäfer* in: MüKoAktG, Art. 9 SE-VO Rn. 12; ausführlich zu den Schutzvorschriften einzelner Mitgliedstaaten *Esposito*, S. 82 ff.

345 *Casper* in: Spindler/Stilz, Art 8 SE-VO Rn. 6.

346 *Schäfer* in: MüKoAktG, Art. 9 SE-VO Rn. 18; *Casper* in: Spindler/Stilz, Art. 9 SE-VO Rn. 6; *Schröder* in: Manz/Mayer/Schröder, Art. 9 Rn. 9; *Schön* in: FS Hopt, 1243, 1344.

347 Vgl. allgemein zur Vorrangigen Lückenfüllung durch nationales Recht aufgrund des Verweises nach Art. 9 Abs. 1 SE-VO *Schön* in: FS Hopt, 1343, 1360.

348 Vgl. zur Lückenfüllung durch nationales Recht *Casper* in: FS Ulmer, 51, 62.

fertigende Planwidrigkeit liegt nicht vor. Aufgrund des Fehlens einer planwidrigen Regelungslücke ist eine analoge Anwendung des Art. 8 SE-VO auf einen grenzüberschreitenden Rechtsformwechsel somit nicht möglich.[349] Die durch die Ausgestaltung der Niederlassungsfreiheit vorgegebene Zulässigkeit eines grenzüberschreitenden Rechtsformwechsels nationaler Gesellschaftsformen liegt außerhalb der SE-VO und ist bewusst nicht von der Sitzverlegung nach Art. 8 SE-VO erfasst. Zumal würde eine analoge Anwendung dem auf die SE begrenzten Regelungswillen des europäischen Gesetzgebers zuwiderlaufen.

Auch wenn sich die Fälle der Sitzverlegung nach Art. 8 SE-VO und eines grenzüberschreitenden Rechtsformwechsels mit Blick auf deren verfahrensrechtliche Durchführung durchaus ähnlich sind, sind bei der entsprechenden Anwendung des Verfahrens der Sitzverlegung der SE die rechtsmethodischen Voraussetzungen zu beachten. Mangels Vorliegen einer planwidrigen Regelungslücke ist eine analoge Anwendung nicht möglich.

Eine, über eine Analogie hinausgehende, systemkonforme Rechtsfortbildung extra legem bedarf es bzgl. des Sitzverlegungsverfahrens gem. Art. 8 SE-VO ebenfalls nicht. Durch Modifizierung und entsprechende Anwendung nationaler Umwandlungsvorschriften auf einen grenzüberschreitenden Rechtsformwechsel, wie es nach der EuGH-Entscheidung in der Rs. Vale angedacht ist, kann ein zumindest in Teilen ausreichendes Verfahren entwickelt werden.[350] Auch insofern fehlt es daher am Vorliegen einer Regelungslücke.

Art. 8 SE-VO und die §§ 12-14 SEAG können allenfalls als Orientierungshilfe für die Durchführung eines grenzüberschreitenden Rechtsformwechsels herangezogen werden.[351] Eine, wie von *Bayer/Schmidt* angedachte „vorsichtige partielle Analogie“[352] kommt aus rechtsmethodischer Sicht nicht in Betracht. Anderes gilt nur, sofern man diese, unabhängig von deren Begriffsbezeichnung, ebenfalls i.S. eines Orientierungskriteriums für die verfahrensrechtliche Beurteilung

---

349 Im Ergebnis auch *Otte/Rietschel* GmbHR 2009, 983, 986; für eine analogen Anwendung hingegen *Teichmann* ZIP 2009, 393, 403 f.; *ders.* LMK 2009, 275584; *Paefgen* WM 2009, 529, 533 (jedoch jeweils ohne rechtsmethodische Herleitung).

350 Vgl. EuGH – Vale, NJW 2012, 2715, Rn. 37.

351 *Lutter/Drygala* in: Lutter, § 1 Rn. 19 (jedoch ohne Begründung); *Herrler* DNotZ 2009, 484, 489; *Wicke* DStR 2012, 1756, 1758 f.

352 *Bayer/Schmidt* ZIP 2012, 1481, 1488, 1491; *dies.* ZHR 173 (2009), 735, 757 ff.; *Lutter/Bayer/Schmidt*, § 6 Rn. 67, 69.

eines grenzüberschreitenden Rechtsformwechsels versteht, denn nur so kann Art. 8 SE-VO für die Durchführung eines grenzüberschreitenden Rechtsformwechsels Bedeutung erlangen.

II. Anwendung der §§ 122a ff. UmwG

1. Regelungsgehalt und Bedeutung

Die §§ 122a ff. UmwG regeln das Verfahren der grenzüberschreitenden Verschmelzung von Kapitalgesellschaften.[353] Sie wurden zur Umsetzung der Richtlinie über grenzüberschreitende Verschmelzungen[354] ins UmwG eingefügt. Eine Verschmelzung ist nach § 122a Abs. 1 UmwG grenzüberschreitend, wenn mindestens eine der beteiligten Gesellschaften dem Recht eines anderen Mitgliedstaates unterliegt. Das Vorliegen einer ausländischen Gesellschaft beurteilt sich dabei nach deren Satzungssitz. Eine grenzüberschreitende Verschmelzung liegt somit auch dann vor, wenn eine ausländische Gesellschaftsform mit Verwaltungssitz in Deutschland beteiligt ist.[355] Mit der Möglichkeit einer grenzüberschreitenden Umwandlung in Form einer Verschmelzung wird der Wortlaut des § 1 Abs. 1 UmwG, wonach nur Rechtsträger mit Sitz im Inland umgewandelt

---

353 Vgl. zur Beschränkung auf Kapitalgesellschaften *Vetter* AG 2006, 613, 615; eine solche ist jedoch nicht primärrechtskonform, dazu *Herrler* EuZW 2007, 295, 299; *Thümmel/ Hack* DK 2009, 1, 3; nach der Sevic-Entscheidung sind generell „Gesellschaften" (engl.: *companies*; franz.: *sociétés*) erfasst, dazu *Koch* ZHR 173 (2009), 101, 113; *Thümmel/ Hack* DK 2009, 1, 3; *Paefgen* WM 2009, 529, 531; *Bärwaldt/Wisniewski* in: Hdb PersonenG, § 9 Rn. 343; auch im entsprechenden EuGH-Urteil ist die Cartesio Bt. ist eine ungarische Personengesellschaft, dazu *Koch* ZHR 173 (2009), 101, 113; *Leible/ Hoffmann* BB 2009, 58 f.; *Decher* DK 2006, 805, 809; gegen eine Erweiterung auf Personengesellschaften *Ege/Klett* DStR 2012, 2442, 2446; *Kindler* in: MüKoBGB, IntGesR, Rn. 521; eine grenzüberschreitende Verschmelzung mit Beteiligung zumindest einer Personengesellschaft ist nach wohl h.M. vom Schutzbereich der Niederlassungsfreiheit erfasst und somit grds. zulässig. Die Anwendung der §§ 122a ff. UmwG sind jedoch explizit auf Kapitalgesellschaften beschränkt, sodass eine Anwendung dieser auch auf Personengesellschaften nicht mehr vom Wortlaut des § 122b UmwG gedeckt ist. Weiterhin sind die §§ 122a ff. UmwG überwiegend speziell auf Kapitalgesellschaften zugeschnitten und eine Übertragung auf Personengesellschaften daher nicht ohne weiteres möglich.

354 Richtlinie 2005/56/EG über Grenzüberschreitende Verschmelzungen von Kapitalgesellschaften.

355 *Drinhausen* in: Semler/Stengel, § 122a Rn. 10; *Polley* in: Henssler/Strohn, § 122a UmwG Rn. 9; *Michael Winter* DK 2007, 24, 27.

werden können, durchbrochen.[356] Die §§ 122a ff. UmwG stellen folglich eine Ausnahme zu einer innerstaatlichen Umwandlung dar, bei denen die Besonderheit des grenzüberschreitenden Bezugs entsprechend berücksichtigt wird.

2. Europarechtskonforme Auslegung

Die Anwendung des Umwandlungsverfahrens nach den §§ 122a ff. UmwG auf einen grenzüberschreitenden Rechtformwechsel könnte sich aus einer europarechtskonformen Auslegung dieser ergeben. Hierbei wird in diesem Abschnitt vorerst nur geprüft, ob die §§ 122a ff. UmwG generell europarechtkonform ausgelegt und damit auch auf einen Formwechsel vom bzw. ins Ausland angewandt werden können. Aus methodischer Sicht ist eine Auslegung vor einer möglicherweise in Betracht kommenden analogen Anwendung zu prüfen.[357]

Nach der Sevic-Entscheidung des EuGH sind neben einer grenzüberschreitenden Verschmelzung auch andere Gesellschaftsumwandlungen vom Schutzbereich der Niederlassungsfreiheit erfasst.[358] In der Rs. Vale bringt der EuGH zum Ausdruck, dass das nationale Umwandlungsrecht ebenfalls auf einen grenzüberschreitenden Rechtsformwechsel anwendbar sein kann.[359] Diese Sichtweise legt es nahe, die §§ 122a ff. UmwG im Sinne der Niederlassungsfreiheit primärrechtskonform auszulegen und für einen grenzüberschreitenden Rechtsformwechsel zu öffnen.[360] Eine primärrechtskonforme Auslegung nationaler Regelungen findet ihre Grenze jedoch in der vom Wortlaut der Norm erfassten Konstellationen.[361] Zwar ist die Wortlautgrenze in anderen europäischen Staaten[362]

---

356 *Polley* in: Henssler/Strohn, § 122a UmwG, Rn. 2; *Drinhausen* in: Semler/Stengel, § 122a Rn. 2.

357 *Wank*, S. 111; *Larenz*, S. 366 ff.; *Casper* in FS Ulmer, 51, 58.

358 EuGH – Sevic, Slg. 2005, I-10805, Rn. 19; siehe auch *W.-H. Roth* in: FS Hoffmann-Becking, 965, 990; *Schön* ECFR 2006, 122, 134.

359 Vgl. EuGH – Vale, NJW 2012, 2715, Rn. 43.

360 Vgl. zur unionsrechtskonformen Auslegung EuGH – Murphy, Slg. 1988, I-673, Rn. 11; *Höpfner*, S. 230; *Rüthers/Fischer/Birk*, Rn. 912a; *Langenbucher* in: Langenbucher, § 1 Rn. 53; *Metzger*, S. 394.

361 *W.-H. Roth* in: Riesenhuber, § 14 Rn. 53; *Metzger*, S. 404; *Hager*, S. 268 Rn. 52; vgl. zur deutschen Methodik *Larenz*, S. 322 ff.; *Bydlinski*, S. 467 f.; *Kramer*, S. 186, 188 f.; *Wank*; S. 111, 132; a.A. *Höpfner/Rüthers* AcP 209 (2009), 1, 10; *Höpfner*, S. 280 f.; zur Wortlautgrenze bei richtlinienkonformer Auslegung *Grundmann*, Rn. 153; *Preis/Sagan* ZGR 2013, 26, 52.

von geringerer Bedeutung als im deutschen Recht, um eine einheitliche Auslegung von auf Unionsrecht basierenden Regelungen nationalen Rechts zumindest teilweise innerhalb der Mitgliedstaaten zu gewährleisten, ist trotzdem der mit dem Wortlaut verbundene Wortsinn einer Vorschrift als Auslegungsgrenze zu beachten.[363] Auch das grundsätzliche Erfordernis zur einheitlichen Auslegung des Gemeinschaftsrechts[364] steht dem nicht entgegen, das besagt, dass das Gemeinschaftsrecht in der gesamten EU ungeachtet seiner verschiedenen Sprachfassungen denselben Inhalt haben muss.[365] Diese erlangt vielmehr für die Interpretation von Begriffen innerhalb der Gemeinschaftsrechtsordnung Bedeutung und nicht für die Auslegung von Begriffen des nationalen Rechts. Hierbei hat sich eine auf Gemeinschaftsrecht basierende europarechtskonforme Auslegung, auch wenn sie vorrangig als Auslegungsmethode heranzuziehen ist[366], an die methodischen Gegebenheiten der Auslegung nationalen Rechts auszurichten.[367] Dies gilt auch für den weitest möglichen Wortsinn einer Vorschrift als Grenze der Auslegung.[368]

---

362 Vgl. ausführlich zur Wortlautgrenze im nationalen und Gemeinschaftsrecht und zum Streitgegenstand bzgl. des Wortlautes als Auslegungsgrenze *Müller/Christensen*, Rn. 591D ff.

363 Vgl. zur Beschränkung einer gemeinschaftsrechtkonformen Auslegung durch die Wortlautgrenze der in Rede stehenden nationalen Norm *Schilling* ZEuP 2007, 754, 768, 771; für den Wortlaut als Grenze einer gemeinschaftsrechtskonformen Auslegung spricht auch der mit der Wortlautgrenze bezweckten Einhaltung des Vorhersehbarkeitsgrundsatz und des Zugänglichkeitsgebots, siehe dazu *Schilling* ZEuP 2007, 754, 765 ff; allgemein zum Wortlaut als Auslegungsgrenze auch von Gemeinschaftsrecht *Metzger*, S. 396.

364 Vgl. zur einheitlichen Auslegung des Gemeinschaftsrechts EuGH – Koschniske, Slg. 1979, 2717, Rn. 6.

365 *Schilling* ZEuP 2007, 754, 766, 768 ff.

366 Vgl. zum Vorrang primärrechtskonformer Auslegung vor den anderen Auslegungsmethoden EuGH – Krohn, Slg. 1985, 3997, Rn. 29; siehe auch *Henninger*, S. 296.

367 Vgl. zur Grenze gemeinschaftkonformer Auslegung in den nationalen Auslegungsmethoden *Henninger*, S. 315, 333; *Metzger*, S. 404.

368 Vgl. zur Wortlautgrenze *Schilling* ZEuP 2007, 754, 771; *Henninger*, S. 315.

§ 122a Abs. 1 UmwG erfasst ausdrücklich nur Verschmelzungen, womit der Anwendungsbereich explizit auf diese beschränkt wird. Der Wortlaut des § 122a Abs. 1 UmwG ist daher selbst bei einer weiten Interpretation eindeutig. Eine europarechtskonforme Auslegung im Sinne einer Erweiterung des Anwendungsbereichs der §§ 122a ff. UmwG auf einen grenzüberschreitenden Rechtsformwechsel ist vom Wortlaut nicht mehr gedeckt und kommt folglich nicht in Betracht.[369]

3. Analoge Anwendung der §§ 122a ff. UmwG

a) Analogiefähigkeit

Die immanente Wortsinngrenze einer europarechtskonformen Auslegung hindert grundsätzlich nicht an einer analogen Anwendung der §§ 122a ff. UmwG.[370] Dafür müssen die §§ 122a ff. UmwG analogiefähig sein. Auf die Analogiefähigkeit einzelner Normen und deren Vergleichbarkeit mit einem grenzüberschreitenden Rechtsformwechsel wird an dieser Stelle noch nicht eingegangen. Vielmehr wird zunächst geklärt, inwiefern der Abschnitt über grenzüberschreitende Verschmelzungen im UmwG die Voraussetzungen einer analogen Anwendung generell erfüllt.

Die Regelungen über grenzüberschreitende Verschmelzungen in den §§ 122a ff. UmwG stellen Ausnahmevorschriften innerhalb des deutschen UmwG dar.[371] Dies ergibt sich daraus, dass § 1 Abs. 1 UmwG, unabhängig von dessen europarechtskonformen Auslegung, einen inländischen Satzungssitz vorschreibt. Dieses Prinzip wird durch die §§ 122a ff. UmwG teilweise durchbrochen.[372] Aus methodischer Sicht sind Ausnahmeregelungen eng auszulegen[373] bzw. bedarf es

369 Vgl. zur Beschränkung des § 122a UmwG auf Verschmelzungen *Heckschen* DNotZ 2007, 444, 453.

370 Vgl. generell zum Verhältnis von Auslegung und Analogie mit Bezug zum Gemeinschaftsrecht Hager, S. 264 Rn. 42 ff.; vgl. allgemein zur Wortlautgrenze *Bydlinski*, S. 441, 468; *Wank*, S. 106; gegen eine ausdrückliche Differenzierung zwischen einer Auslegung und einer Rechtsfortbildung mittels Analogie hingegen *Pieroth/Aubel* JZ 2003, 504, 505 f.

371 *Thümmel/Hack* DK 2009, 1, 3; *Drinhausen* in: Semler/Stengel, Einl. C Rn. 21.

372 *Thümmel/Hack* DK 2009, 1, 3.

373 *Larenz*, S. 343; *Bydlinski*, S. 79, 440; vgl. zur Ausnahmevorschrift des § 41 UmwG *Schöne*, S. 386.

einer strengeren Prüfung der Analogievoraussetzungen. Eine Erweiterung durch analoge Anwendung auf andere Sachverhalte scheidet grundsätzlich aus.[374] Dies gilt jedoch nicht, sofern die Analogie auf einem allgemeinen Rechtsgedanken basiert (sog. Rechtsanalogie)[375], der durch die entsprechende Anwendung auf einen vergleichbaren Fall übertragen werden soll.[376] Voraussetzung einer Rechtsanalogie (Gesamtanalogie) ist, dass aus ein oder mehreren Vorschriften bzw. Vorgaben ein gemeinsamer Grundgedanke entwickelt werden kann, der auf den bisher gesetzlich ungeregelten Fall anwendbar ist.[377]

Der allgemeine Rechtsgedanke besteht hier darin, dass grenzüberschreitende Umwandlungsvorgänge innerhalb Europas grundsätzlich zulässig sind und eines zumindest teilweise einheitlichen Verfahrens bedürfen. Mit Blick auf die einschlägige EuGH-Rechtsprechung zur Niederlassungsfreiheit sind grenzüberschreitende Verschmelzungen wie andere Gesellschaftsumwandlungen vom Schutzbereich der Niederlassungsfreiheit erfasst.[378] Die Mitgliedstaaten sind daher verpflichtet, ein vergleichbares Verfahren für grenzüberschreitende Umwandlungen anzubieten. Dieser dahinterstehende Rechtsgedanke kann über eine grenzüberschreitende Verschmelzung hinaus auf andere Umwandlungsarten übertragen werden. Eine Rechtsanalogie der §§ 122a ff. UmwG mittels Herausbildung des allgemeinen Prinzips, dass grenzüberschreitende Umwandlungen anwendbarer nationaler Voschriften bedürfen, ist somit möglich und der bislang gesetzlich ungeregelte Fall des grenzüberschreitenden Rechtsformwechsels auch davon erfasst.

Das Analogieverbot aus § 1 Abs. 2 UmwG würde einer etwaigen analogen Anwendung der §§ 122a ff. UmwG ebenfalls nicht entgegenstehen.[379] Denn darin soll zum Ausdruck gebracht werden, dass eine Erweiterung der Umwandlungs-

---

374 Vgl. zur Analogiefähigkeit von Ausnahmevorschriften *Schöne*, S. 386.

375 Vgl. zum Begriff der Recht- bzw. Gesamtanalogie und zu allgemeinen Rechtsgrundsätzen *Canaris*, S. 97 f.; *Bydlinski*, S. 478 f., 481 ff.; *Kramer*, S. 198 ff.; *Krebs*, S. 50, 338.

376 Vgl. zu § 41 UmwG *Lutter/Drygala* in: Lutter, § 8 Rn. 54; *Schöne*, S. 387.

377 *Krebs*, S. 50; *Canaris*, S. 97.

378 EuGH – Sevic, Slg. 2005, I-10805, Rn. 19; siehe auch *W.-H. Roth* in: FS Hoffmann-Becking, 965, 990; *Schön* ECFR 2006, 122, 134.

379 *Hörtnagl* in: Schmitt/Hörtnagl/Stratz, § 1 Rn. 58; vgl. allgemein zur analogen Anwendung der §§ 122a ff. UmwG *Paefgen* GmbHR 2004, 463, 465; *Drinhausen* in: Semler/Stengel, Einl. C Rn. 34 f.

varianten mittels analoger Anwendung nicht gestattet ist.[380] Die Analogiefähigkeit der §§ 122a ff. UmwG ist jedoch vielmehr durch europäisches Recht gefordert.[381] Mit Blick auf die zum genzüberschreitenden Rechtsformwechsel ergangene EuGH-Rechtsprechung[382], ist § 1 Abs. 2 UmwG somit insofern teleologisch zu beschränken[383], dass dessen Analogieverbot einer entsprechenden analogen Anwendung der §§ 122a ff. UmwG nicht entgegensteht. Die §§ 122a ff. UmwG sind somit analogiefähig.[384]

b) Planwidrige Regelungslücke

Damit die §§ 122a ff. UmwG analog angewandt werden können, bedarf es einer planwidrigen Regelungslücke. Nur wenn der Anwendungsbereich der Regelungen für grenzüberschreitende Verschmelzungen nach § 122a Abs. 1 UmwG eine planwidrige Regelungslücke aufweist, kann dieser mittels Analogie für einen grenzüberschreitenden Rechtsformwechsel eröffnet sein.

Es muss zunächst eine Lücke im Gesetz bestehen.[385] Nach der Rechtsprechung des EuGH ist sowohl der Herausformwechsel aus als auch der Hereinformwechsel nach Deutschland grundsätzlich zu gestatten.[386] Einem grenzüberschreitenden Rechtsformwechsel darf die Zulässigkeit nicht generell verwehrt werden.[387] Um den Anforderungen an ein sachgerechtes Verfahrens zu genügen sind Vorschriften zu erlassen, die speziell den grenzüberschreitenden Charakter des Umwandlungsvorgangs erfassen. Konkrete Vorschriften für einen grenzüberschreitenden Rechtsformwechsel sind im deutschen UmwG bisher nicht vorhan-

---

380 *Paefgen* GmbHR 2004, 463, 465; *Semler* in: Semler/Stengel, § 1 Rn. 64; *Hörtnagl* in: Schmitt/Hörtnagl/Stratz, § 1 Rn. 69.

381 *Hoffmann* in: MüHdb GesR, IntGesR, § 54 Rn. 11.

382 Vgl. EuGH – Cartesio, Slg. 2008, I-9641, Rn. 111 f.; EuGH – Vale, NJW 2012, 2715, Rn. 41.

383 Zur Zulässigkeit europarchtskonformen teleologischen Reduktion nationalen Rechts siehe BGHZ 179, 27, Rn. 26 – Quelle.

384 *Drinhausen* in: Semler/Stengel, Einl. C Rn. 35; *Otte/Rietschel* GmbHR 2009, 983, 986 (jedoch zu Recht gegen eine pauschale Analogie aller Vorschriften der §§ 122a ff. UmwG); *Kieninger* RabelsZ 73 (2009), 607, 618.

385 Vgl. zum Erfordernis einer Gesetzeslücke *Bydlinski*, S. 472 ff.; *Larenz*, S. 354 ff.; *Wank*, S. 133 f.; *Rüthers/Fischer/Birk*, Rn. 842.

386 Vgl. EuGH – Cartesio, Slg. 2008, I-9641, Rn. 111 f.; EuGH – Vale, NJW 2012, 2715, Rn. 41; siehe auch *Schön* ZGR 2013, 333, 357.

387 Vgl. EuGH – Cartesio, Slg. 2008, I-9641, Rn. 111 f.; EuGH – Vale, NJW 2012, 2715, Rn. 41.

den.[388] Trotz dessen Zulässigkeit existieren keine auf diese Umwandlungsmöglichkeit zugeschnittenen Regelungen. Durch die Bindung nationalen Rechts an das Unionsrecht und dessen Anwendungsvorrang[389] wird folglich eine Lücke bzgl. eines grenzüberschreitenden Rechtsformwechsel in das deutsche UmwG gerissen.[390] Die ursprüngliche Regelungsabsicht des deutschen Gesetzgebers wird durch die primärrechtlichen Vorgaben der Niederlassungsfreiheit überlagert.[391] Die Feststellung einer Regelungslücke richtet sich nach den Wertungsrahmen des geltenden (europäischen) Rechts.[392] Es besteht somit eine (nachträgliche)[393] Regelungslücke.[394]

Die vorliegende Regelungslücke muss planwidrig sein. Gegen eine Planwidrigkeit würde sprechen, dass der deutsche Gesetzgeber bei der Schaffung des UmwG grenzüberschreitende Sachverhalte bewusst ausschließen wollte.[395] Die Eröffnung für grenzüberschreitende Verschmelzungen geschah lediglich aufgrund der Umsetzungspflicht der grenzüberschreitenden Verschmelzungsrichtlinie.[396] Andere grenzüberschreitende Umwandlungsformen sollten weiterhin nicht in den Anwendungsbereich des UmwG fallen, da der deutsche Gesetzgeber entsprechenden Regelungen auf europäischer Ebene nicht vorgreifen woll-

388 *Hörtnagl* in: Schmitt/Hörtnagl/Stratz, § 1 Rn. 46; vgl. zur Sitzverlegung von Versicherungsunternehmen *Schröder/Fischer* VersR 2013, 686.

389 Zum Anwendungsvorrang von Unionsrecht siehe EuGH – Costa/E.N.E.L., Slg. 1964, 1251, 1270.

390 Vgl. generell zum Entstehen einer Lücke durch Beachtung unionsrechtlicher Vorgaben *Höpfner/Rüthers* AcP 209 (2009), 1, 33; *Rüthers/Fischer/Birk*, Rn. 912b.

391 Vgl. zur primärrechts- bzw. gemeinschaftskonformen Ausgestaltung nationalen Rechts *Langenbucher* in: Langenbucher, § 1 Rn. 53 f.; *Henninger*, S. 314; *Behrens* EuZW 1994, 289.

392 *Rüthers/Fischer/Birk*, Rn. 871; im weitesten Sinne auch *W.-H. Roth* in: Riesenhuber, § 14 Rn. 50 f.

393 Vgl. zum Begriff der nachträglichen Gesetzeslücke *Bydlinski*, S. 585; *Kramer*, S. 191 f. *Rüthers/Fischer/Birk*, Rn. 861.

394 *Teichmann* ZIP 2009, 393, 403; *Hennrichs u.a.* WM 2009, 2009, 2015.

395 Begr. RegE zur Änderung des UmwG, BT-Drucks. 16/2919, 11; siehe auch *Drinhausen* in: Semler/Stengel, Einl. C Rn. 21; *Becker* in: Maulbetsch/Klumpp/Rose, Vor §§ 122a ff. Rn. 25; *Hörtnagl* in: Schmitt/Hörtnagl/Stratz, § 1 Rn. 46; *Kindler* DK 2006, 811, 818.

396 Richtlinie 2005/56/EG über die Grenzüberschreitende Verschmelzungen von Kapitalgesellschaften.

te.[397] Diese Argumentation greift aus heutiger Sicht jedoch zu kurz. Zum Zeitpunkt der Schaffung der §§ 122a ff. UmwG war die Zulässigkeit eines grenzüberschreitenden Rechtsformwechsels noch nicht klar ersichtlich. Vielmehr ging man zum damaligen Zeitpunkt davon aus, dass ein grenzüberschreitender Rechtsformwechsel nicht von der Niederlassungsfreiheit geschützt sei.[398] Es bedurfte somit nicht zwingend einer Erweiterung auf andere Umwandlungsarten. Auch die Grenzüberschreitende Verschmelzungsrichtlinie forderte nichts Gegenteiliges. Der Status quo hat sich allerdings in den letzten Jahren geändert. Durch das obiter dictum des Cartesio-Urteils und die Vale-Entscheidung des EuGH ist sowohl der Heraus- als auch der Hereinformwechsel zulässig.[399] Um diese zu ermöglichen, bedarf es aus Sicht einer deutschen Gesellschaft entsprechender Verfahrensvorschriften.[400] Diese sind aufgrund der Bindung an die entsprechenden EuGH-Entscheidungen und dem effet utile des Unionsrechts zu schaffen bzw. ist nationales Umwandlungsrecht so ausgestalten, dass ein grenzüberschreitender Rechtsformwechsel gegenüber einem innerstaatlichen Formwechsel nicht benachteiligt wird.[401] Nationales Recht ist demzufolge so anzuwenden, dass unionsrechtliche Vorgaben volle Wirksamkeit entfalten können.[402]Aufgrund dieser Bindung des deutschen Gesetzgebers an das Unionsrecht ist eine primärrechtskonforme Rechtsfortbildung mittels Analogie auch nicht contra legem, sondern vielmehr durch die zum grenzüberschreitenden Rechtsformwechsel ergangenen EuGH-Entscheidungen geboten.[403] Auch wenn

397 *Drinhausen* in: Semler/Stengel, Einl. C Rn. 21; *Becker* in: Maulbetsch/Klumpp/Rose, Vor §§ 122a ff. Rn. 25 f.; *Heckschen* DNotZ 2007, 444, 453; *Busekist* GmbHR 2004, 650, 652; *Thümmel/Hack* DK 2009, 1.

398 *Hennrichs* u.a. WM 2009, 2009, 2015; *Teichmann* ZIP 2009, 393, 403.

399 Vgl. EuGH – Cartesio, Slg. 2008, I-9641, Rn. 112; EuGH – Vale, NJW 2012, 2715, Rn. 30.

400 *Schön* ZGR 2013, 333, 348.

401 *Schön* ZGR 2013, 333, 339; *Mörsdorf/Jopen* ZIP 2012, 1398, 1401; *W.-H. Roth* in: FS Hoffmann-Becking, 965, 979; *Dorr/Stuckenborg* DB 2003, 647, 649, wonach der gesetzgeberische Wille hinter einer europarechtlich geforderten Ausgestaltung nationalen Rechts zurücktreten muss.

402 *Gebauer* in: Gebauer/Wiedmann, Kapital 4 Rn. 7; *Höpfner/Rüthers* AcP 209 (2009), 1, 32; *Metzger*, S. 404; vgl. zur Überlagerung des historischen Gesetzgebungswillen durch europarechtlichen Rahmenbedingungen *Hörtnagl* in: Schmitt/Hörtnagl/Stratz, § 1 Rn. 28.

403 *Metzger*, S. 404; vgl. zur gesetzesübersteigenden Rechtsfortbildung *W.-H. Roth* in: Riesenhuber, § 14 Rn. 50; *Rüthers/Fischer/Birk*, Rn. 912a; zur unionsrechtskonformen Auslegung EuGH – Murphy, Slg. 1988, I-673, Rn. 11; *Höpfner*, S. 230; zur richtlinienkonformen Auslegung EuGH – Quelle, Slg. 2008, I-2685, Rn. 36 f.; *Kramer*, S. 292 f.; *Preis/Sagan* ZGR 2013, 26, 52; *Lutter* in: Systembildung und Systemlücken, 121, 141;

es sich vielmehr um eine Lücke aufgrund Unvereinbarkeit mit höherrangigem Recht anstelle einer nicht-beabsichtigten Nichtregelung handelt, liegt eine Planwidrigkeit vor.[404]

Es besteht eine planwidrige Regelungslücke.[405] Folglich muss nationales Recht zur Übereinstimmung mit unionsrechtlichen Vorgaben fortgebildet werden.[406] Deutschland ist verpflichtet, eine angemessene Durchführung für einen grenzüberschreitenden Rechtformwechsel offen zu halten. Diesem Erfordernis wurde bislang nicht nachgekommen. Auch insofern ist die bestehende Regelungslücke für einen grenzüberschreitenden Rechtsformwechsel planwidrig.[407] Die durch die Vorgaben der Niederlassungsfreiheit entstandene planwidrige Regelungslücke ist unionsrechtskonform zu schließen.[408]

c) Vergleichbare Interessenlage

Damit eine analoge Anwendung der §§ 122a ff. UmwG auf einen grenzüberschreitenden Rechtsformwechsel in Betracht kommt, bedarf es einer vergleichbaren Interessenlage.[409] Die Vergleichbarkeit ist bei jeder Vorschrift der §§ 122a-122l UmwG separat zu prüfen. Eine pauschale Analogie aller Vorschriften

---

Metzger, S. 393 f.; zur richtlinienkonformen Rechtsfortbildung BGHZ 179, 27, Rn. 26 – Quelle; *Hennrichs u.a.* WM 2009, 2009, 2015.

404 Allgemein dazu *Höpfner/Rüthers* AcP 209 (2009), 1, 32; *Bydlinski*, S. 456; *Larenz*, S. 360; *Kramer*, S. 100 ff.; zur Vereinbarkeit mit höherrangigem nationalen Recht BVerfGE 89, 214, Rn. 50 und BVerfGE 81, 242, Rn. 45; vgl. zum Vorliegen einer Planwidrigkeit aufgrund der nicht nachgekommenen Pflicht zur gemeinschaftskonformer Ausgeslatung nationalen Rechts *Behrens* EuZW 1994, 289.

405 Vgl. generell zur nachträglichen Gesetzeslücke *Bydlinski*, S. 585; *Rüthers/Fischer/Birk*, Rn. 861; *Kramer*, S. 191 f.

406 *Höpfner/Rüthers* AcP 209 (2009), 1, 19; wohl auch *W.-H. Roth* in: Riesenhuber, § 14 Rn. 50 f.

407 *Teichmann* ZIP 2009, 393, 403; *Hennrichs u.a.* WM 2009, 2009, 2015; *Michalski/Funke* in: Michalski, § 4a Rn. 93; a.A. *Becker* in: Maulbetsch/Klumpp/Rose, Vor §§ 122a ff. Rn. 25 (mit Verweis auf die bewusste Entscheidung des Gesetzgebers gegen eine Erweiterung auf andere Umwandlungsvorgänge); wohl auch *Busekist* GmbHR 2004, 650, 652; beide übersehen jedoch die Möglichkeit einer nachträglich-planwidrigen Regelungslücke, dazu *Bydlinski*, S. 585; *Rüthers/Fischer/Birk*, Rn. 861; *Kramer*, S. 191 f.

408 Vgl. zur Ergänzung bzw. Erweiterung nationalen Rechts im Sinne europarechtlicher Vorgaben *Metzger*, S. 404; *W.-H. Roth* in: Riesenhuber, § 14 Rn. 53; vgl. zur Lückenschließung *Rüthers/Fischer/Birk*, Rn. 912c.

409 Vgl. generell zum Erfordernis einer vergleichbaren Interessenlage *Bydlinski*, S. 115, 120; *Kramer*, S. 195 f.

ist nicht sachgerecht, da eine vergleichbare Interessenlage stets im Einzelfall und für den entsprechenden Regelungsgehalt einer Norm zu beurteilen ist.[410] Die Vorschriften über die grenzüberschreitende Verschmelzung sind nur dann auf einen grenzüberschreitenden Rechtsformwechsel analog übertragbar, sofern im Einzelfall eine vergleichbare Interessenlage beider Umwandlungsvorgänge festgestellt werden kann.

Der bereits geregelte Sachverhalt und der Ungeregelte müssen sich so ähnlich sein, dass eine unterschiedliche Behandlung nicht gerechtfertigt ist.[411] Dies kann nicht generell für die §§ 122a ff. UmwG beurteilt werden, sondern ist stets von der konkreten Ausgestaltung der Vorschrift im Einzelfall abhängig.[412] Eine analoge Anwendung liegt nicht vor, sofern die entsprechende Norm speziell auf die Umwandlungsform der Verschmelzung zugeschnitten ist. Eine Verschmelzung zeichnet sich insbesondere durch die damit einhergehende Gesamtrechtsnachfolge aus. Bei einem Rechtsformwechsel besteht hingegen Identitätswahrung des Rechtsträgers. Weiterhin sind bei einer grenzüberscheitenden Verschmelzung von Beginn an mindestens zwei Rechtsträger und nationale Rechtsordnungen beteiligt. Ist das Vorliegen dieser spezifischen Verschmelzungseigenschaften Voraussetzung für die angemessene Anwendung einer der Vorschriften der §§ 122a ff. UmwG und kann sich deren Sinngehalt nur dann vollumfänglich entfalten, ist eine analoge Anwendung ausgeschlossen. Knüpft die Vorschrift hingegen maßgeblich an die Eigenschaft des Grenzübertritts an, kommt eine vergleichbare Interessenlage und damit eine analoge Anwendung in Betracht.[413] Die entstandene Regelungslücke ist dann mittels Analogie zu schließen.[414]

---

410 *Otte/Rietschel* GmbHR 2009, 983, 986; i.E. hingegen für eine analoge Anwendung aller Vorschriften der §§ 122a ff. UmwG *Teichmann* ZIP 2009, 393, 403.

411 *Larenz*, S. 360 f.; *Bydlinski*, S.455.

412 *Otte/Rietschel* GmbHR 2009, 983, 986; zur vergleichbaren Interessenlage zu den §§ 122a ff. UmwG siehe *Michalski/Funke* in: Michalski, § 4a Rn. 93.

413 *Hoffmann* in: MüHdb GesR, IntGesR, § 54 Rn. 11; *Kieninger* RabelsZ 73 (2009), 607, 618; i.E. wohl auch *Herrler* EuZW 2007, 295, 299 (Fn. 52).

414 *Höpfner/Rüthers* AcP 209 (2009), 1, 33.

III. Anwendung der §§ 192 ff. UmwG

1. Europarechtskonforme Auslegung

Die §§ 192 ff. UmwG regeln das Verfahren eines innerstaatlichen Formwechsels. Wie bereits geklärt, sind die §§ 190 f. UmwG dahingehend zu lesen, dass sowohl Ausgangs- als auch Zielrechtsträger Gesellschaftsformen anderer Mitgliedstaaten sein können. Sowohl der Heraus- sowie der Hereinformwechsel sind grundsätzlich durch die Niederlassungsfreiheit geschützt.[415] Die Mitgliedstaaten sind verpflichtet ein entsprechendes Verfahren für einen grenzüberschreitenden Rechtsformwechsel bereitzuhalten. Vor allem der Anwendung nationalen Formwechselrechts kommt hierbei Bedeutung zu.

Der EuGH führt lediglich aus, dass die Anwendung nationalen Formwechselrechts auf einen grenzüberschreitenden Rechtsformwechsel nicht gegen die Niederlassungsfreiheit verstößt. Andererseits äußert er sich nicht dazu, welches innerstaatliche Recht konkret angewandt werden muss.[416] Den Mitgliedstaaten steht es folglich frei, welches nationale Verfahrensrecht sie für die Durchführung eines grenzüberschreitenden Rechtsformwechsels bereitstellen. Sie haben die Wahl, ob sie sich der Anwendung nationalen Formwechselrechts bedienen oder auf andere, mit einem grenzüberschreitenden Rechtsformwechsel vergleichbaren, Regelungen verweisen, solange damit ein sachgerechter und effektiver Verfahrensablauf gewährleistet werden kann. Aus dieser Wahlfreiheit lässt sich schließen, dass die Anwendung der §§ 192 ff. UmwG aufgrund europarechtskonformer Auslegung zumindest nicht zwingend gefordert ist bzw. nicht zwangsläufig zu einer Erweiterung auf einen grenzüberschreitenden Rechtsformwechsel führt.[417]

---

415 Vgl. EuGH – Cartesio, Slg. 2008, I-9641, Rn. 111 f.; EuGH – Vale, NJW 2012, 2715, Rn. 41; siehe auch *Schön* ZGR 2013, 333, 357.

416 Vgl. EuGH – Vale, NJW 2012, 2715, Rn. 50.

417 *W.-H. Roth* in: FS Hoffmann-Becking, 965, 984, 986; für eine Auslegung der §§ 192 UmwG anstelle einer Analogie *Jaensch* in: Keßler/Kühnberger, Vor §§ 190 ff. Rn. 22 Fn. 5 (jedoch vor der Vale-Entscheidung des EuGH); *Weller* LMK 2012, 336113.

2. Analoge Anwendung der §§ 192 ff. UmwG

Nachdem die Anwendung der §§ 192 ff. UmwG aufgrund europarechtskonformer Auslegung nicht notwendig ist, gilt es zu prüfen, ob diese mittels analoger Anwendung auf einen grenzüberschreitenden Rechtsformwechsel zur Geltung gelangen. Dafür müssen die Voraussetzungen einer analogen Anwendung erfüllt sein. Die Regelungen über den innerstaalichen Formwechsel müssen zuerst generell analogiefähig sein.

Wie bei der analogen Anwendung der §§ 122a ff. UmwG kann die entsprechende Anwendung der §§ 192 ff. UmwG allenfalls auf einer Rechtsanalogie mittels Abstrahierung eines allgemeinen Rechtsprinzips basieren.[418] Voraussetzung einer Rechtsanalogie ist jedoch grundsätzlich auch, dass der gesetzlich ungeregelte Fall bisher nicht anderweitig von der (entsprechenden) Anwendung nationaler Vorschriften erfasst werden kann. Die Analogie der §§ 122a ff. UmwG auf einen grenzüberschreitenden Rechtsformwechsel wurde allerdings bereits bejaht. Die Zulässigkeit und Umsetzung eines grenzüberschreitenden Rechtsformwechsels als allgemeiner Rechtsgedanke kann jedoch nur dann umfassend Wirksamkeit entfalten und damit den diesbezüglichen Prämissen des EuGH gerecht werden, wenn neben der Anwendung der Regelungen über grenzüberschreitende Verschmelzungen auch die Vorschriften für den innerstaalichen Formwechsel herangezogen werden. Nur so kann sich der beschriebene Rechtsgedanke entfalten und damit insbesondere mit Blick auf die Durchführung und dem Gläubiger- und Minderheitenschutz gerecht werden. Vorbehaltlich etwaiger Spezialregelungen sind die §§ 192 ff. UmwG somit grundsätzlich analogiefähig.

Zum Vorliegen einer planwidrigen Regelungslücke kann auf das zur analogen Anwendung der §§ 122a ff. UmwG Gesagte verwiesen werden.[419] Da der deutsche Gesetzgeber verpflichtet ist geltendes Unionsrecht zu beachten, ist eine primärrechtskonforme Rechtsfortbildung geboten.[420] Aufgrund der sich aus der

---

418 Siehe Teil 4. C. II. 3. a); vgl. zum Begriff der Rechtsanalogie *Krebs*, S. 50; *Canaris*, S. 97.

419 Siehe Teil 4. C. II. 3. b).

420 Vgl. zu einer unionsrechtskonformen Rechtsfortbildung *Rüthers/Fischer/Birk*, Rn. 912a ff.; zur unionsrechtskonformen Auslegung EuGH – Murphy, Slg. 1988, I-673, Rn. 11; *Höpfner*, S. 230; zur richtlinienkonformen Auslegung EuGH – Quelle, Slg. 2008, I-2685, Rn. 36 f.; *Kramer*, S. 292 f.; *Preis/Sagan* ZGR 2013, 26, 52; *Lutter* in: System-

Niederlassungsfreiheit ergebenden Zulässigkeit eines grenzüberschreitenden Rechtsformwechsels bedarf es passender Verfahrensvorschriften, um eine sachgerechte Durchführung eines grenzüberschreitenden Rechtsformwechsels zu gewährleisten.[421] Diese bestehen in Deutschland zurzeit nicht.[422] Eine Regelungslücke liegt somit vor.[423] Diese ist darüber hinaus planwidrig, da der deutsche Gesetzgeber den europäischen Vorgaben bislang nicht nachgekommen ist.[424] Aufgrund des effet utile des Unionsrechts und dem Ziel einer einheitlichen Behandlung grenzüberschreitender Umwandlungsvorgänge muss der deutsche Gesetzgeber bestrebt sein[425], diese Lücke zu schließen.[426] Das ist bislang nicht geschehen. Die Lücke ist somit auch planwidrig.[427]

Weiterhin bedarf es einer vergleichbaren Interessenlage. Wie bei den §§ 122a ff. UmwG ist eine Vergleichbarkeit stets vom Einzelfall und der konkret anzuwendenden Norm abhängig.[428] Eine generelle Analogie würde den spezifischen Besonderheiten eines grenzüberschreitenden Rechtsformwechsels nicht gerecht werden.[429] Inwiefern eine vergleichbare Interessenlage besteht, hängt maßgeblich davon ab, ob bei dem konkreten Verfahrensabschnitt das Merkmal des Formwechsels überwiegt. Ist die Eigenschaft des Formwechsels beim jeweiligen

---

bilduung und Systemlücken, 121, 141; zur richtlinienkonformen Rechtsfortbildung BGHZ 179, 27, Rn. 26 – Quelle.

421 *Schön* ZGR 2013, 333, 348.

422 Vgl. zum Fehlen von Regelungen für einen grenzüberschreitenden Rechtsformwechsel *Hörtnagl* in: Schmitt/Hörtnagl/Stratz, § 1 Rn. 46.

423 *Teichmann* ZIP 2009, 393, 403.

424 Vgl. zum Vorliegen einer Planwidrigkeit aufgrund der nicht nachgekommenen Pflicht zur gemeinschaftskonformer Ausgeslatung nationalen Rechts *Behrens* EuZW 1994, 289.

425 Hierbei ist grundsätzlich zu unterstellen, dass der deutsche Gesetzgeber sich nicht bewusst europarechtswidrig verhalten will.

426 *Paefgen* GmbHR 2004, 463, 471; generell zur Lückenschließung *Höpfner/Rüthers* AcP 209 (2009), 1, 33; zur Berücksichtigung des effet utile bei der gemeinschaftskonformen Ausgestaltung mit Blick auf die nationale Methodik *Behrens* EuZW 1994, 289.

427 Vgl. zum Vorliegen einer planwidrigen Lücke *Teichmann* ZIP 2009, 393, 403; *Michalski/Funke* in: Michalski, § 4a Rn. 93.

428 I.E. wohl auch *W.-H. Roth* in: FS Hoffmann-Becking, 965, 986; *Habersack/Verse* § 3 Rn. 21 (Fn. 82); ohne Begründung für eine analoge Anwendung aller Vorschriften der §§ 192 ff. UmwG hingegen *Jaensch* in: Keßler/Kühnberger, Vor. §§ 190 ff. UmwG, Rn. 22 (Fn. 5); unklar auch *Bayer/Schmidt* ZIP 2012, 1481, 1488 („sämtliche [...] Vorgaben für den nationalen Formwechsel grundsätzlich auch für den grenzüberschreitenden Formwechsel zur Anwendung gebracht werden können").

429 *W.-H. Roth* in: FS Hoffmann-Becking, 965, 986.

Verfahrensabschnitt maßgebend, ist eine vergleichbare Interessenlage zu bejahen.[430] Eine diesbezügliche analoge Anwendung ist dennoch immer einzelfallabhängig und kann nicht pauschal anerkannt werden.[431] Die Anwendung der Gründungsvorschriften gem. § 197 UmwG ist jedoch stets auf den zuziehenden Rechtsträger analog übertragbar.[432]

IV. Verhältnis zwischen den §§ 122a ff. UmwG und den §§ 192 ff. UmwG

1. Überwiegendes Merkmal

Sowohl die §§ 122a ff. UmwG als auch die §§ 192 ff. UmwG können im Wege der Rechtsanalogie konkreter Vorschriften entsprechend auf das Verfahren eines grenzüberscheitenden Rechtsformwechsels angewandt werden.[433] Das Erfordernis der Analogie beider Regelungsabschnitte ergibt sich aus dem Bedürfnis einer möglichst sachgerechten Behandlung eines grenzüberschreitenden Rechtsformwechsels aufgrund der Vorgaben des EuGH.[434]

Es bedarf allerdings einer differenzierten Betrachtung wie das Verhältnis zwischen den heranzuziehenden Vorschriften ausgestaltet ist. Es gilt zu klären, nach welchen Vorschriften sich einzelne Verfahrensschritte beurteilen und welche Normen bei Kollision bzw. Überschneidung vorrangig heranzuziehen sind.

---

430 *Bayer/Schmidt* ZHR 173 (2009), 735, 763 f.; *dies.* ZIP 2012, 1481, 1488, 1491; *Teichmann* DB 2012, 2085, 2091; *Wicke* DStR 2012, 1756, 1759; *Otte/Rietschel* GmbHR 2009, 983, 986; *Jaensch* EWS 2012, 353, 358; *Hoffmann* in: MüHdb GesR, IntGesR, § 54 Rn. 11.

431 *Otte/Rietschel* GmbHR 2009, 983, 986; *Hoffmann* in: MüHdb GesR, IntGesR, § 54 Rn. 12 ff.; *W.-H. Roth* in: FS Hoffmann-Becking, S. 965, 986.

432 *Verse* EuZW 2013, 336; *Schön* ZGR 2013, 333, 348, 360; *Wicke* DStR 2012, 1756, 1759; *Rubner* NJW-S 2012, 527, 528; wohl auch *Mansel/Thorn/Wagner* IPRax 2013, 1, 4; einschränkend jedoch *Ege/Klett* DStR 2012, 2442, 2444.

433 *W.-H. Roth* in: FS Hoffmann-Becking, 965, 978; *Wöhlert/Degen* GWR 2012, 432; zu einem ähnlichen Ergebnis kommen auch *Bayer/Schmidt* ZHR 173 (2009), 735, 767 bei der verfahrensrechtlichen Beurteilung einer grenzüberschreitenden Verschmelzung von Personengesellschaften. Hierbei sollen neben den §§ 2 ff., 39 ff. UmwG auch die Regelungen der § 122a ff. UmwG entsprechend auf Personengesellschaften angewandt werden. Eine analoge Anwendung der §§ 122a ff. UmwG auf Personengesellschaften m.E. jedoch nicht möglich, siehe dazu Fn. 353.

434 Siehe Teil 4. C. III. 2.

Dies hängt maßgeblich davon ab, welches Element im konkreten Verfahrensabschnitt bei einem grenzüberschreitenden Rechtsformwechsel im Vergleich zu den §§ 122a ff. UmwG und den §§ 192 ff. UmwG überwiegt. Es muss festgestellt werden, ob jeweils die Klassifikation als Formwechsel für den konkreten Verfahrensabschnitt entscheidend ist oder ob das Merkmal des Grenzübertritts den Ausschlag für eine differenzierte Betrachtung erfordert. Überwiegt das Merkmal des Formwechsels, ist ein grenzüberschreitender Rechtsformwechsel grundsätzlich nach der entsprechenden Regelung der §§ 192 ff. UmwG analog durchzuführen. Kommt hingegen dem Merkmal des Grenzübertritts mehr Bedeutung bei der Beurteilung des Sachverhalts zu, ist die einschlägige Regelung der §§ 122a ff. UmwG analog anwendbar.[435] Bei Kollision zweier Vorschriften setzt sich die Norm durch, bei der die größere Vergleichbarkeit zum grenzüberschreitenden Rechtsformwechsel vorliegt. Besteht nach dieser Prüfung ein Anwendungs- und Interpretationsspielraum, ist die Regelung entsprechend auf einen grenzüberscheitenden Rechtsformwechsel anzuwenden, bei der insbesondere der Gläubiger- und Minderheitenschutz besser gewährleistet werden kann.[436] Dies gilt jedoch nur soweit, wie dadurch ein grenzüberschreitender Rechtsformwechsel für die betreffende Gesellschaft nicht unangemessen erschwert und im Vergleich zum innerstaatlichen Formwechsel benachteiligt wird. Bei der Bestimmung des anwendbaren nationalen Verfahrensrechts sind folglich stets das Effektivitäts- und Äquivalenzprinzip zu beachten.[437]

Bei der Durchführung eines grenzüberschreitenden Rechtsformwechsels gelangen die Vorschriften der §§ 192 ff. UmwG primär zur Anwendung.[438] Um dem grenzüberschreitenden Charakter gerecht zu werden, sind diese durch die entsprechende Anwendung der §§ 122a ff. UmwG gegebenenfalls zu ergänzen.[439]

---

435 *Schön* ZGR 2013, 333, 361 f.; vgl. zur Heranziehung der §§ 122a ff. UmwG aufgrund der grenzüberschreitenden Besonderheit *Habersack/Verse*, § 3 Rn. 21 (Fn. 82).

436 *Becker* in: Maulbetsch/Klumpp/Rose, Vor §§ 122a ff. Rn. 27; *W.-H. Roth* in: Europäische Auslandsgesellschaften, 379, 399.

437 Vgl. EuGH – Vale, NJW 2012, 2715, Rn. 48.

438 *Wicke* DStR 2012, 1757, 1759; wohl auch *Habersack/Verse*, § 3 Rn. 21 (Fn. 82); *Hoffmann* in: Nomos BGB, AT, Art. 12 EGBGB Rn. 194; *Hörtnagl* in: Schmitt/Hörtnagl/Stratz, § 1 Rn. 60; *Schön* tendiert aufgrund des grenzüberschreitenden Elements dazu die §§ 122a ff. UmwG vorrangig anzuwenden. Jedoch macht er keine konkrete Abstufung bzgl. des überwiegenden Elements bei den einzelnen Verfahrensabschnitten eines grenzüberschreitenden Rechtsformwechsels. (vgl. *Schön* ZGR 2013, 333, 361 f.)

439 *Wicke* DStR 2012, 1756, 1759; *Bayer/Schmidt* ZIP 2012, 1481, 1488; *Hennrichs u.a.* WM 2009, 2009, 2015; *Hoffmann* in: NomosBGB, AT, Art. 12 EGBGB Rn. 194.

Als Orientierungshilfe können bei der Beurteilung der Durchführung eines grenzüberschreitenden Rechtsformwechsels die Verfahrensregeln des Art. 8 SE-VO bzw. der §§ 12 ff. SEAG ebenfalls herangezogen werden.[440] Eine direkte analoge Anwendung dieser ist allerdings nicht möglich.[441]

2. Konkret anzuwendende Verfahrensvorschriften

Offen ist bislang, nach welchen konkreten Vorschriften sich die einzelnen Verfahrensschritte eines grenzüberschreitenden Rechtsformwechsels beurteilen. Aufgrund des begrenzten Umfangs dieser Arbeit kann hierbei nicht auf alle durchzuführenden Maßnahmen eingegangen werden. Es wird vielmehr ein Überblick über die konkret analog anwendbaren Vorschriften gegeben.

Der für einen grenzüberschreitenden Rechtsformwechsel notwendige Umwandlungsbeschluss richtet sich nach § 193 UmwG analog.[442] Bei der Beschlussfassung gelten die für die einzelnen Rechtsformen vorgeschriebenen Mehrheiten, z.B. gem. § 240 Abs. 1 UmwG, analog.[443] Der Inhalt des Umwandlungsbeschlusses bestimmt sich nach § 194 Abs. 1 UmwG analog.[444] Um dem grenzüberschreitenden Charakter gerecht zu werden, bedarf es allerdings einer Erweiterung um die Angaben über das Verfahren zur zukünftigen Mitbestimmung der Arbeitnehmer gem. § 122c Abs. 2 Nr. 10 UmwG analog. Weiterhin muss im Umwandlungsbeschluss der vorgesehene neue Satzungssitz des Zielrechtsträgers enthalten sein. Dies ergibt sich aus § 122c Abs. 2 Nr. 1 UmwG analog und einer Orientierung an Art. 8 Abs. 2 S. 2 lit. a) SE-VO.

Die Erstellung des Umwandlungsberichts richtet sich beim Herausformwechsel aus Deutschland zunächst nach § 192 Abs. 1 UmwG analog.[445] Der deutsche Ausgangsrechtsträger hat einen ausführlichen schriftlichen Bericht zu erstatten, bei dem alle Aspekte rechtlich und wirtschaftlich erläutert und begründet

---

440 *Wicke* DStR 2012, 1756, 1759; *Hennrichs u.a.* WM 2009, 2009, 2015.

441 Siehe Teil 4. C. I. 2. b). cc).

442 *Rubner* NJW-S 2012, 527, 528; *Bayer/Schmidt* ZIP 2012, 1481, 1488.

443 *Teichmann* ZIP 2009, 393, 403.

444 *Bayer/Schmidt* ZIP 2012, 1481, 1488.

445 *Weller* LMK 2012, 336113; *Rubner* NJW-S 2012, 527, 528; *Bayer/Schmidt* ZIP 2012, 1481, 1488.

werden müssen.[446] Um die bei einem grenzüberschreitenden Rechtsformwechsel bestehenden besonderen Gefahren darzustellen, ist der Inhalt des Umwandlungsberichts um § 122e S. 1 UmwG analog zu ergänzen. Es müssen somit zusätzlich die Auswirkungen des grenzüberschreitenden Rechtsformwechsels den Gläubigern und Arbeitnehmern der formwechselnden Gesellschaft erläutert werden.

Auch die ausnahmsweise Entbehrlichkeit des Umwandlungsberichts nach § 192 Abs. 2 UmwG ist analog anzuwenden. Die Berichterstattung dient dem Schutz und der Information der Anteilseigner.[447] Gibt es nur einen Anteilseigner oder haben alle wirksam auf einen Bericht verzichtet, bedarf es dieses Schutzes nicht mehr. Dem Ausschluss des § 8 Abs. 3 UmwG in der diesbezüglichen Parallelvorschrift des § 122e S. 3 UmwG kommt für einen grenzüberschreitenden Rechtsformwechsel keine Bedeutung zu. Die damit verbundenen Probleme sind verschmelzungs- bzw. spaltungsspezifisch und demzufolge nicht auf einen Formwechsel in dieser Art übertragbar.

Neben der Offenlegung und Weiterleitung des Umwandlungsbeschlusses bzw. dessen Entwurfs an den Betriebsrat nach § 194 Abs. 2 UmwG analog, ist dieser nach § 122d UmwG analog beim Handelsregister einzureichen und bekannt zu machen.[448] Diese zusätzliche Anforderung soll insbesondere den von der grenzüberschreitenden Umwandlungsmaßnahme betroffenen Gläubigern ein frühzeitiges Informationsrecht gewähren.[449] Sie dient deren Schutz und ist nicht primär verschmelzungsspezifisch.[450] Auch nach Art. 8 Abs. 4 SE-VO müssen neben den Anteilseignern ebenfalls die Gläubiger durch Offenlegung des Umwandlungsplans und -berichts ausreichend informiert werden.

Für die Befristung und den Ausschluss der Anfechtungsklage gegen den gefassten Umwandlungsbeschluss und einer etwaigen Verbesserung im Spruchverfahren gelten die §§ 195 f. UmwG und die §§ 210, 212 UmwG analog, sofern es

---

446 Zu den konkreten Anforderungen an die Berichtspflicht siehe BGHZ 107, 296 ff. – Kochs Adler und BGH ZIP 1990, 168 ff. – DAT/Altana II; siehe auch *Lutter/Drygala* in Lutter, § 8 Rn. 11 ff.

447 *Decher* in: Lutter, § 192 Rn. 7, 10; *Quass* in: Maulbetsch/Klumpp/Rose, § 192 Rn. 1, 25; *Bayer/Schmidt* ZHR 173 (2009), 735, 757.

448 *Teichmann/Ptak* RIW 2010, 817, 820.

449 *Bayer* in: Lutter, § 122d Rn. 1, 6; *Becker* in: Maulbetsch/Klumpp/Rose, § 122d Rn. 1.

450 *Teichmann/Ptak* RIW 2010, 817, 820; *Bayer/Schmidt* ZHR 173 (2009), 735, 758.

sich um einen Herausformwechsel aus Deutschland handelt.[451] Eine Beschränkung des Spruchverfahrens gem. den §§ 122h, 122i Abs. 2 UmwG kommt nicht in Betracht. Die dieser Einschränkung zugrundeliegende Wertung ist vielmehr speziell für grenzüberschreitende Verschmelzungen entwickelt worden.[452] Der Konflikt zwischen den Anteilsinhabern der beteiligten Rechtsträger besteht beim Formwechsel grundsätzlich nicht.[453]

Für den Anspruch und das Angebot auf Barabfindung sind die für einen innerstaatlichen Formwechsel geltenden Regelungen der §§ 207 ff. UmwG und deren Verweis auf § 29 Abs. 2 und § 30 UmwG analog anwendbar.[454] Die Vorschriften über eine Barabfindung an die dem Umwandlungsbeschluss widersprechenden Anteilsinhabern sind mit den entsprechenden Regelungen in § 122i Abs. 1 UmwG und § 12 Abs. 1 SEAG vergleichbar.[455] Die Besonderheit des Grenzübertritts gebietet keine zu den §§ 207 ff. UmwG analog abweichende Beurteilung.[456]

Problematisch ist, nach welchen Vorschriften sich der Gläubigerschutz bei einem grenzüberschreitenden Rechtsformwechsel beurteilt. Durch einen grenzüberschreitenden Rechtsformwechsel verlieren die Gläubiger unter Umständen die inländische Gesellschaft als nationales Zurechnungsobjekt für die Geltendmachung ihrer Forderungen. Da die Gläubiger nicht unmittelbar an dem Umwandlungsverfahren beteiligt sind, bedarf es eines ergänzenden Gläubigerschutzes.[457] Beim innerstaatlichen Formwechsel ist dieser in § 204 UmwG i.V.m. § 22 UmwG geregelt. Bei einer grenzüberschreitenden Verschmelzung richtet er

451 *Hoffmann* in: MüHdb GesR, IntGesR, § 54 Rn. 14.

452 *Bayer* in: Lutter, § 122h Rn. 3 ff., § 122i Rn. 20; *Becker* in: Maulbetsch/Klumpp/Rose, § 122h Rn. 1, § 122i Rn. 11; *Marsch-Barner* in: Kallmeyer, § 122h Rn. 1.

453 *Hoffmann* in: MüHdb GesR, IntGesR, § 54 Rn. 14.

454 *Rubner* NJW-S 2012, 527, 528.

455 Die Barabfindung nach § 207 Abs. 1 UmwG diente bei der Gestaltung des § 12 Abs. 1 SEAG als Vorbild; vgl. RegE Begr. SEAG, BT-Drucks. 15/3405, S. 35; *Esposito*, S. 109.

456 *Hoffmann* in: MüHdb GesR, IntGesR, § 54 Rn. 14; die Anwendung des § 122j UmwG bevorzugend hingegen *Teichmann* ZIP 2009, 393, 403; wohl auch *Michalski/Funke* in: Michalski, § 4a Rn. 93.

457 *Ege/Klett* DStR 2012, 2442, 2445; *Zimmer/Naendrup* NJW 2009, 545, 547; *Weller* in: Zentrum für Europäisches WirtschaftsR, S. 18 ff.; *ders.* in: FS Blaurock, 497, 513 ff.; vgl. zum Erfordernis eines umfassenden Vertrauensschutzes der Gläubiger bei einer grenzüberschreitenden Satzungssitzverlegung *Leible* in: FS G. Roth, 447, 453.

sich nach § 122j und § 122k Abs. 1 S. 3 UmwG. Der Unterschied zwischen beiden Gläubigerschutzsystemen ist, dass bei den §§ 122j, 122k Abs. 1 S. 1 UmwG der Gläubigerschutz auf das Vorfeld der Eintragung der Umwandlungsmaßnahme erstreckt wird.[458] Es handelt sich somit um einen vorgelagerten Gläubigerschutz.[459] Die grenzüberschreitende Verschmelzung kann gem. § 122k Abs. 1 S. 3 UmwG erst eingetragen werden, wenn die übertragende Gesellschaft versichert hat, dass entsprechende Sicherheitsleistungen an die Gläubiger erbracht wurden. Bei § 204 UmwG i.V.m. § 22 UmwG handelt es sich hingegen um einen nachgelagerten Gläubigerschutz. Die Gläubiger können ihren Anspruch auf Sicherheitsleistung erst geltend machen, nachdem der Formwechsel in das Register des Zielrechtsträgers eingetragen wurde.[460]

Der Schutzzweck des § 122j UmwG besteht darin, dass es den Gläubigern nicht zugemutet werden soll, ihre Forderungen nach Umwandlung bei einer ausländischen Gesellschaft geltend zu machen, da dies eine zusätzliche Belastung und Unsicherheit hervorruft.[461] Damit soll ein effektiver Gläubigerschutz sichergestellt werden.[462] Der vorgelagerte Gläubigerschutz ergibt sich aus dem grenzüberschreitenden Charakter der Umwandlungsmaßnahme und ist speziell für Sachverhalte mit Auslandsbezug entwickelt worden. Das Merkmal des Grenzübertritts ist somit entscheidend für die Anwendbarkeit dieser Regelung. Sie ist auch nicht primär verschmelzungsspezifisch, sondern vielmehr auf die besondere Situation einer grenzüberschreitenden Umwandlung ausgerichtet und kann daher auf andere grenzüberschreitende Umwandlungsarten erweitert werden.[463]

---

458 *Kiem* in: Habersack/Drinhausen, § 122j Rn. 1; *Bayer* in: Lutter, § 122j Rn. 1; *Drinhausen* in: Semler/Stengel, § 122j Rn. 1; *Marsch-Barner* in: Kallmeyer, § 122j Rn. 1 f.; auf die Vereinbarkeit des § 122j UmwG mit der Richtlinie 2005/56/EG über grenzüberschreitende Verschmelzungen soll hier nicht eingegangen werden; kritisch dazu *Bayer* in: Lutter, § 122j Rn. 4 ff.; *Schön* ZGR 2013, 333, 363; wohl auch *Engert* in: Langenbucher, § 5 Rn. 105.

459 Vgl. BegrRegE, BR-Drucks. 548/06, S. 36; *Drinhausen* in: Semler/Stengel §122j Rn. 1; *Krause/Kulpa* ZHR 171 (2007), 38, 74.

460 *Maier-Reimer/Seulen* in: Semler/Stengel, § 22 Rn. 38; *Müller* in: Henssler/Strohn, § 22 UmwG Rn.11.

461 Vgl. BegrRegE, BR-Drucks. 548/06, S. 36; *Kiem* in: Habersack/Drinhausen, § 122j Rn. 3; *Hoffmann* in: MüHdb GesR, IntGesR, § 54 Rn. 16.

462 *Kiem* in: Habersack/Drinhausen, §122j Rn. 3; *Hoffmann* in: MüHdb GesR, IntGesR, § 54 Rn. 16; zur Kritik an § 122j siehe u.a. *Bayer* in: Lutter, § 122j Rn. 4 ff. und *Bayer/Schmidt* NZG 2006, 841, 843.

463 *Hoffmann* in: MüHdb GesR, IntGesR, § 54 Rn. 21.

Gegen eine entsprechende Anwendung des § 122j UmwG könnte allerdings sprechen, dass eine vorzeitige Sicherheitsleistung an die Gläubiger bei einem grenzüberschreitenden Rechtsformwechsel nicht generell erforderlich sei, da die Gläubiger nicht glaubhaft machen können, dass allein durch die Sitzverlegung in einen anderen Mitgliedstaat die Erfüllung ihrer Forderungen gefährdet ist.[464] Diese Argumentation greift meines Erachtens jedoch zu kurz. Es kann nicht pauschal behauptet werden, dass die Forderung eines Gläubigers durch einen grenzüberschreitenden Rechtsformwechsel nicht ernsthaft gefährdet sei.[465] Dies ist vielmehr vom Einzelfall und von der Art und dem Umfang der Forderung abhängig. Zur Gewährung eines effektiven und umfangreichen Gläubigerschutzes kann den Gläubigern nicht generell die Möglichkeit genommen werden, sich bereits vor Wirksamwerden der Umwandlung ins Ausland abzusichern.[466] § 122j UmwG ist demnach auf das Verfahren eines grenzüberschreitenden Rechtsformwechsel analog anzuwenden.[467] Dies ist auch mit Blick auf § 13 SEAG schlüssig, da darin ebenfalls ein vorgelagerter Gläubigerschutz bestimmt wird.[468] Die Anwendung von § 204 i.V.m. § 22 UmwG analog kommt nicht in Betracht.

Damit ein grenzüberschreitender Rechtformwechsel Wirksamkeit erlangt, bedarf es dessen Eintragung sowohl in das Register des Ausgangs- als auch in das des Zielrechtsträgers.[469] Dabei gebietet die Niederlassungsfreiheit, dass das Eintragungsverfahren von den beteiligten Rechtsordnungen angemessen und effektiv koordiniert wird.[470] Die Anmeldung und Eintragung eines Hereinformwechsels

---

464 *Otte/Rietschel* GmbHR 2009, 983, 986; *Frobenius* DStR 2009, 487, 489.

465 Vgl. zur Gläubigergefährdung aufgrund einer erschwerten Rechtsdurchsetzung und eines unter Umständen bestehenden schwächeren Gläubigerschutzes im ausländischen Recht *Engert* in: Langenbucher, § 5 Rn. 105.

466 *Kiem* in: Habersack/Drinhausen, § 122j Rn. 3 f.; *Marsch-Barner* in: Kallmeyer, § 122j Rn. 1 f; kritisch dazu *Bayer* in: Lutter § 122j Rn. 4.

467 *Hoffmann* in: MüHdb GesR, IntGesR, § 54 Rn. 16; *Teichmann/Ptak* RIW 2010, 817, 820; *Paefgen* WM 2009, 529, 533; wohl auch *Herrler* DNotZ 2009, 484, 489 und *Michalski/Funke* in: Michalski, § 4a Rn. 93; offen lassend *Schön* ZGR 2013, 333, 363; a.A. *Otte/ Rietschel* GmbHR 2009, 893, 986; *Weller* in: FS Blaurock, 497, 523 (jedoch jeweils ohne Begründung); generell gegen strengere Schutznormen gegenüber einen innerstaatlichen Rechtsformwechsel *Bollacher* RIW 2012, 717, 718.

468 *Diekmann* in: Habersack/Drinhausen, Art. 8 SE-VO Rn. 60; *Paefgen* WM 2009, 529, 533; *Teichmann* ZIP 2009, 393, 403.

469 *Hoffmann* in: MüHdb GesR, IntGesR, § 54 Rn. 18; vgl. zur grenzüberschreitenden Verschmelzung *Drinhausen* in: Semler/Stengel, § 122l Rn. 15.

470 *Hoffmann* in: MüHdb GesR, IntGesR, § 54 Rn. 18.

nach Deutschland richtet sich dabei nach § 198 Abs. 2 UmwG analog.[471] Der neue, inländische Rechtsträger ist beim zuständigen deutschen Handelsregister zur Eintragung anzumelden. Entsprechendes gilt beim Herausformwechsel aus Deutschland. Nach § 198 Abs. 2 S. 3 UmwG analog ist der grenzüberschreitende Rechtsformwechsel des Ausgangsrechtsträgers bei dessen zuständigen Handelsregister zur Eintragung anzumelden. Insbesondere bedarf es eines Vermerks nach § 198 Abs. 2 S. 4 UmwG analog, dass die Eintragung des Herausformwechsels erst wirksam wird, wenn auch der ausländische Zielrechtsträger im zuständigen Register eingetragen worden ist.[472]

Um dem grenzüberschreitenden Charakter gerecht zu werden, bedarf es zusätzlich zur analogen Anwendung des § 198 Abs. 2 UmwG einer Ergänzung des Anmelde- und Eintragungsverfahrens durch § 122k Abs. 2 UmwG bzw. § 122l Abs. 1 UmwG analog.[473] Nach § 122k Abs. 2 S. 2, 3 UmwG analog ist bei einem Herausformwechsel eine Wegzugsbescheinigung durch das deutsche Handelsregister zu erstellen und ein entsprechender Wirksamkeitsvermerk einzutragen.[474] Die ausgestellte Wegzugsbescheinigung muss bei der Anmeldung zur Eintragung des Zielrechtsträgers in dessen Register eingereicht werden.[475] Gleiches gilt beim Hereinformwechsel nach Deutschland gem. § 122l Abs. 1 UmwG analog.[476] Die Eintragung ist nach § 122k Abs. 2 S. 3 UmwG analog mit dem Vermerk zu versehen, dass sie nur dann wirksam wird, wenn der Zielrechtsträger nach den Voraussetzungen des Zuzugsstaates wirksam in dessen

471 *Ege/Klett* DStR 2012, 2442, 2445.

472 *Hoffmann* in: MüHdb GesR, IntGesR, § 54 Rn. 20.

473 *Hoffmann* in: MüHdb GesR, IntGesR, § 54 Rn. 21; *Teichmann/Ptak* RIW 2010, 817, 820; *Teichmann* ZIP 2009, 393, 403; *Paefgen* WM 2009, 529, 533.

474 Nach der Änderungsrichtlinie 2012/17/EU (Richtlinie des Europäischen Parlaments und des Rates zur Änderung der Richtlinien 89/666/EWG, 2005/56/EG und 2009/101/EG in Bezug auf die Verknüpfung von Zentral-, Handels- und Gesellschaftsregistern, ABlEU Nr. L 156 v. 16. 6. 2012), die bis zum 7.7.2014 in nationales Recht umzusetzen ist, und der damit verbundenen Änderung der Richtlinie über grenzüberschreitendende Verschmelzungen, ist hat die Mitteilung der Eintragung der grenzüberschreitenden Verschmelzung an die übrigen beteiligten Register über ein System der Registervernetzung zu erfolgen, siehe dazu *Verse* EuZW 2013, 336, 339.

475 *Hoffmann* in: MüHdb GesR, IntGesR, § 54 Rn. 21; vgl. zur grenzüberschreitenden Verschmelzung *Kiem* in: Habersack/Drinhausen, § 122k Rn. 16 f.

476 *Paefgen* WM 2009, 529, 533.

Register eingetragen wurde.[477] Dabei ist stets das durch den EuGH vorgegebene Effektivitätsprinzip zu beachten.[478]

Die formwechselnde Gesellschaft muss weiterhin eine Negativerklärung abgeben, dass eine Klage gegen die Wirksamkeit des Umwandlungsbeschlusses nicht bzw. nicht fristgerecht erhoben oder eine solche Klage abgewiesen wurde. Das Fehlen einer Negativerklärung kann durch die Abgabe einer Verzichtserklärung der Anteilsinhaber geheilt werden.[479] Die Einreichung der Negativ- bzw. Verzichtserklärung richtet sich nach § 198 Abs. 3 UmwG i.V.m. § 16 Abs. 2, 3 UmwG analog. Die für eine grenzüberschreitende Verschmelzung entsprechende Regelung des § 122k Abs. 1 S. 2 UmwG verweist ebenfalls auf § 16 Abs. 2, 3 UmwG.[480] Bei sich inhaltlich gleichenden Vorschriften ist die des innerstaatlichen Formwechsels primär anzuwenden. Einen Rückgriff auf § 122k Abs. 1 S. 2 UmwG bedarf es demnach nicht.[481]

477 Vgl. zur grenzüberschreitenden Verschmelzung *Kiem* in: Habersack/Drinhausen, § 122k Rn. 17; *Zimmermann* in: Kallmeyer, § 122k Rn. 19.

478 EuGH – Vale, NJW 2012, 2715, Rn. 58 ff.; *Ege/Klett* DStR 2012, 2442, 2445.

479 *Schwanna* in: Semler/Stengel, § 16 Rn. 21.

480 *Kiem* in: Habersack/Drinhausen, § 122k Rn. 9; *Drinhausen* in: Semler/Stengel, § 122k Rn. 12.

481 Für die Anwendung des § 122k Abs. 1 UmwG hingegen *Hoffmann* in: MüHdb GesR, IntGesR, § 54 Rn. 16, 21, allerdings ohne die Parallelvorschrift des § 198 Abs. 3 UmwG zu beleuchten.

Teil 5 Ausblick

A. Referentenentwurf zum deutschen Internationalen Gesellschaftsrecht

Im Jahr 2008 veröffentlichte das Bundesministerium der Justiz einen Referentenentwurf für ein Gesetz zum Internationalen Privatrecht von Gesellschaften, Vereinen und juristischen Personen.[482] Danach sollte Art. 10 EGBGB grundlegend geändert und die Art. 10a und 10b EGBGB neu eingefügt werden. Art. 10b EGBGB Ref-E enthielt dabei eine ausdrückliche Regelung über die Zulässigkeit eines grenzüberschreitenden Rechtsformwechsels.

Art. 10 EGBGB Ref-E regelte das auf ausländische Gesellschaften anwendbare Recht. Danach unterlagen Gesellschaften dem Recht des Staates, in welchem sie in ein öffentliches Register eingetragen sind. Für Kapitalgesellschaften war somit deren Satzungssitz für die Beurteilung des auf sie anwendbaren Rechts maßgebend.[483] Damit wäre im deutschen Kollisionsrecht ausdrücklich die Gründungstheorie etabliert wurden.[484] Die uneingeschränkte Geltung der Gründungstheorie und damit die Anerkennung von Nicht-EU-Gesellschaften wurde jedoch überwiegend kritisiert.[485] Art. 10a EGBGB Ref-E befasste sich mit den kollisionsrechtlichen Fragen von Umwandlungsvorgängen. Danach beurteilten sich auch beim Formwechsel die Voraussetzungen, das Verfahren und die Wirkung einer Umwandlung nach dem gem. Art. 10 EGBGB Ref-E anzuwendenden Recht. Da es sich bei einem grenzüberschreitenden Rechtsformwechsel allerdings ebenfalls um eine Änderung des auf die Gesellschaft anwendbaren Rechts handelt, wäre für diesen jedoch Art. 10b EGBGB Ref-E als lex specialis gegen-

---

482 Referentenentwurf für ein Gesetz zum Internationalen Privatrecht von Gesellschaften, Vereinen und juristischen Personen v. 07.01.2008; abrufbar unter: http://www.rwi.uzh.ch/ oe/stiftungsrecht/rechtsentwicklungen/Referentenentwurf-IGR_ 120417.pdf.

483 *BMJ*, Begründung Ref-E Art. 10 ff., S. 8; *Wagner/Timm* IPRax 2008, 81, 84; *Sonnenberger/Bauer* RIW 2006, Beilage 1, 1, 8.

484 *Teichmann* ZGR 2011, 639, 644, 684; *Marsch-Barner* in: Kallmeyer, Vor §§ 122a-122l Rn. 7; *Kindler* in: MüKoBGB, IntGesR, Rn. 540; *Rehm* in: Eidenmüller, § 2 Rn. 87; *Wagner/Timm* IPRax 2008, 81, 84; *Sonnenberger/Bauer* RIW 2006, Beilage 1, 1, 7; *Franz* BB 2009, 1250, 1255; *Clausnitzer* NZG 2008, 321; *Engert* in: Langenbucher, § 5 Rn. 9.

485 Vgl. zur Kritik *G. Roth*, S. 41 ff.; *Franz* BB 2009, 1250, 1256, 1258; *Clausnitzer* NZG 2008, 321, 322; *Kindler* in: MüKoBGB, IntGesR, Rn. 540; *Deutscher Notarverein*, Stellungnahme Ref-E, S. 3.

über der Regelung des Art. 10a EGBGB Ref-E vorrangig anwendbar gewesen.[486] Wird danach eine Gesellschaft in einen anderen Staat in das entsprechende Register eingetragen, kommt es zu einem Wechsel des auf sie anwendbaren Gesellschaftsstatuts. Dies gilt allerdings nur, sofern die bisherige und die neue Rechtordnung einen Wechsel der inländischen Rechtsform ohne Auflösung und Neugründung zulassen.[487] Mit Blick auf die ergangenen EuGH-Entscheidungen zum grenzüberschreitenden Rechtsformwechsel sind zumindest innerhalb der EU die Mitgliedstaaten verpflichtet, einen solchen zuzulassen. Für diese hätte der Vorbehalt des Art. 10b EGBGB Ref-E somit keine Bedeutung.[488] Für einen grenzüberschreitenden Rechtsformwechsel von bzw. in einen Nicht-EU- bzw. EWR-Staat gälte Art. 10b EGBGB Ref-E nur, sofern diese Voraussetzungen aufgrund der kollisionsrechtlichen Anknüpfung im betroffenen Staat erfüllt sind bzw. ein etwaiges Abkommen zwischen den beteiligten Staaten bzgl. der Anerkennung von Gesellschaften vorliegt.[489] Eine ausdrückliche Regelung über die Zulässigkeit eines grenzüberschreitenden Rechtsformwechsels durch Art. 10b EGBGB Ref-E ist zu begrüßen. Eine explizite gesetzliche Regelung bringt mehr Rechtssicherheit. Diese sollte allerdings nur mit der Aufstellung zusätzlicher Schutzmechanismen für Gläubiger, Minderheitsgesellschafter und Arbeitnehmer der formwechselnden Gesellschaft uneingeschränkt auch auf Nicht-EU-Gesellschaften erweitert werden, da diese sonst, mangels Anwendbarkeit europäisch-sekundärrechtlicher Vorgaben, nicht zweifelsfrei gewährleistet werden können.[490] Dem entspricht, dass der Erlass der Art. 10-10b EGBGB Ref-E bislang insbesondere an einer fehlenden Regelung über die Arbeitnehmermitbestimmung scheiterte und zurzeit nicht weiter verfolgt wird.[491]

---

486 *BMJ*, Begründung Ref-E Art. 10 ff., S. 13; *Wagner/Timm* IPRax 2008, 81, 88; *Otte/Rietschel* GmbHR 2009, 983, 985; *Leible* in: Michalski, Syst. Darst. 2 Rn. 197.

487 Vgl. EuGH – Cartesio, Slg. 2008, I-9641, Rn. 111 f.; EuGH – Vale, NJW 2012, 2715, Rn. 41.

488 Ebenfalls zur Einschränkung dieses Vorbehalts *Michalski/Funke* in: Michalski, § 4a Rn. 99.

489 Vgl. zu einem entsprechenden Abkommen den Freundschafts-, Handels- und Schifffahrtsvertrag zwischen Deutschland und den USA vom 29.10.1954 (BGBl. Teil II, 1956, S. 487 ff.); siehe dazu *Kußmann/Richter/Ruiner* EWS 2009, 1, 3; *Spahlinger* in: Spahlinger/Wegen, Rn. 232 ff.; zu weiteren vergleichbaren Abkommen siehe *Spahlinger* in: Spahlinger/Wegen, Rn. 253 ff.

490 *Franz* BB 2009, 1250, 1256, 1258; *Clausnitzer* NZG 2008, 321, 322; *Weller* in: FS Hommelhoff, 1275, 1283; *Deutscher Notarverein*, Stellungnahme Ref-E, S. 3.

491 *Kindler* in: MüKoBGB, IntGesR, Rn. 540; *Marsch-Barner* in: Kallmeyer, Vor §§ 122a-122l Rn. 7; *Otte/Rietschel* GmbHR 2009, 983, 986; *Leible/Hoffmann* BB 2009, 58, 62;

Trotz der Zulässigkeit eines grenzüberschreitenden Rechtsformwechsels fehlt es bislang an einem einheitlichen europaweiten Verfahren für dessen Durchführung. Die Anwendung nationalen Umwandlungsrechts ist zwar durchaus sachgerecht, jedoch bestehen weiterhin zahlreiche Unklarheiten bei dessen entsprechender Anwendung und damit ein hohes Maß an Rechtsunsicherheit.[492] Aufgrund der bestehenden Unterschiede beim Verfahren eines grenzüberschreitenden Rechtsformwechsels in den einzelnen Mitgliedstaaten fehlt es zurzeit an einem einheitlichen Bild bei dessen Beurteilung. Insbesondere nach der Vale-Entscheidung wurde die Forderung nach harmonisierten europäischen Verfahrensvorschriften mittels einer entsprechenden Richtlinie daher immer lauter.[493]

Bereits 1997 legte die Europäische Kommission einen Vorentwurf zur Verlegung des Gesellschaftssitzes innerhalb der EU vor.[494] Jedoch blieb es in den Folgejahren bei diesem Vorentwurf, da man entsprechende EuGH-Entscheidungen in diesem Bereich und dem Erlass der SE-VO abwarten wollte. Zudem bestanden zahlreiche Kritikpunkte am Vorentwurf.[495] Dennoch wurde im Jahr 2003 das Vorhaben der Sitzverlegungsrichtlinie in den Aktionsplan der Kommission wieder aufgenommen.[496] Im Folgenden kann es 2004 zu einer

---

vgl. zur Gefahr des Wegfalls der Mitbestimmung beim grenzüberschreitenden Formwechsel *Däubler/Heuschmid* NZG 2009, 493, 494.

492 *Behrens* EuZW 2013, 121, 122; *Schön* ZGR 2013, 333, 335, 337; *Leible* in: FS G. Roth, 447, 451, 454; *Otte/Rietschel* GmbHR 2009, 983, 988; *Cathiard*, Annex I, EAVA, 3/2013, S. 37; *Ringe* ECFR 2013, 230, 234; *Brasseur/Vermeylen* in: Vermeylen/Vande Velde, S. 59 Rn. 2.126; vgl. für Personengesellschaften *Bärwaldt/Wisniewski* in: Hdb PersonenG, § 9 Rn. 154.

493 *Schön* ZGR 2013, 333, 337, 364; *Bayer/Schmidt* ZIP 2012, 1481, 1491; *Zimmer/Naendrup* NZG 2012, 545, 550; *Behme* NZG 2012, 936, 939; *Behrens*, EuZW 2013, 121, 122; *Noack*, Handelsblatt v. 16.07.2012 *Schönhaus/Müller* IStR 2013, 174, 179; *Ringe* ECFR 2013, 230, 231 f.; *Serafimova*, DeLuxe 2013, S. 6; siehe auch *European Added Value Assessment* 3/2012, S. 35; *Engert* in: Langenbucher, § 5 Rn. 12; vorher bereits *Lutter* in: Systembildung und Systemlücken, 121, 141.

494 Vorentwurf für eine 14. Richtlinie über die Verlegung des Sitzes einer Gesellschaft in einen anderen Mitgliedstaat unter Wechsel des maßgebenden Rechts v. 20.04.1997, KOM XV/6002/97 endg.

495 *Priester* ZGR 1999, 36, 37 ff.; *Lutter/Bayer/Schmidt*, § 32 Rn. 18; *European Added Value Assessment* 3/2012, S. 11.

496 Aktionsplan v. 21.05.2003, KOM(2003) 284 endg., S. 24 ff., abrufbar unter: http://eur-lex.europa.eu/ LexUriServ/LexUriServ.do?uri=CELEX:52003DC0284:DE:NOT.

öffentlichen Konsultation[497] über das Bedürfnis einer entsprechenden Richtlinie und 2009 forderte das Europäische Parlament[498] die Kommission ausdrücklich auf, die Arbeiten an der Sitzverlegungsrichtlinie wieder aufzunehmen. Im Jahr 2011 legte der Arbeitskreis Europäisches Unternehmensrecht Thesen zur neuen Ausgestaltung der Sitzverlegungsrichtlinie der Kommission vor.[499] Auch im Aktionsplan zum Europäischen Gesellschaftsrecht von 2012 war das Vorhaben zu einer entsprechenden Richtlinie enthalten.[500] Darauf aufbauend wurde Anfang 2013 eine weitere öffentliche Konsultation[501] zur grenzüberscheitenden Verlegung des Firmensitzes gestartet.

Der Vorentwurf zur Sitzverlegungsrichtlinie von 1997 grenzt den Anwendungsbereich der Richtlinie nicht ab. Zum Teil wird gefordert, diesen auf Kapitalgesellschaften zu beschränken.[502] Dies wird damit begründet, dass es einer Harmonisierung auch des Personengesellschaftsrecht aufgrund eines mangelnden Mobilitätsbedürfnisses nicht bedarf.[503] Mit Blick auf die EuGH-Entscheidungen Sevic und Cartesio[504], die grenzüberschreitende Umwandlungen auch von Personengesellschaften gestatten, ist dieser Einschränkung des Anwendungsbereichs der Richtlinie nur bedingt zuzustimmen.

---

497 Öffentliche Konsultation betreffend die grenzüberschreitende Sitzverlegung von Kapitalgesellschaften (IP/04/270), abrufbar unter: http://ec.europa.eu/internal_market/company/ seat-transfer/2004-consult_ de.htm.

498 Entschließung des Europäischen Parlaments v. 10.03.2009 mit Empfehlungen an die Kommission zur grenzüberschreitenden Verlegung von eingetragenen Gesellschaftssitzen, ABlEU v. 01.04.2010, C 87 E/5 ff.

499 Arbeitskreis Europäisches Unternehmensrecht, Thesen zum Erlass einer europäischen Sitzverlegungsrichtlinie, abrufbar unter: http://iur.duslaw.eu/files/Thesen-Sitzverlegungs-richtlinie-Namensliste_V2.pdf.

500 Aktionsplan v. 12.12.2012 (IP 12/1340), abrufbar unter: http://europa.eu/rapid/press-release_IP-12-1340_de.htm?locale=en; siehe dazu *Hopt* EuZW 2013, 481 f.; *ders.* ZGR 2013, 165 ff.; *Verse* EuZW 2013, 336, 342 f.; *Behrens* EuZW 2013, 121 ff.

501 Konsultation zur grenzüberschreitenden Verlegung von Firmensitzen, abrufbar unter: http://ec.europa.eu /internal_market/consultations/2013/seat-transfer/docs/consultation-document_de.pdf.

502 *European Added Value Assessment* 3/2012, S. 10; *Priester* ZGR 1999, 36, 37; v. *Bismarck*, S. 219; *Leible* in: FS G. Roth, 447, 457 (Fn. 77).

503 *Priester* ZGR 1999, 36, 37; *v. Bismarck*, S. 219.

504 EuGH – Sevic, Slg. 2005, I-10805, Rn. 18 f.; EuGH – Cartesio, Slg. 2008, I-9641, Rn. 111 f.

Wie bereits dargestellt, fällt eine isolierte Satzungssitzverlegung nicht in den Anwendungsbereich der Niederlassungsfreiheit und kann vom Weg- bzw. Zuzugsstaat unterbunden werden.[505] Nach Art. 3 des Vorentwurfs zur Sitzverlegungs-RL ist solch eine isolierte Satzungssitzverlegung dennoch zulässig.[506] Aufgrund des obiter dictums in der Rs. Vale wird jedoch z.T. behauptet, der europäische Gesetzgeber besitze diesbezüglich nur eine begrenzte Kompetenz zum Erlass einer Sitzverlegungsrichtlinie.[507] Die Kompetenz zum Erlass gesellschaftsrechtlicher Richtlinien zur Verwirklichung der Grundfreiheiten ergibt sich aus Art. 50 Abs. 2 lit. g) AEUV.[508] Da zur Verwirklichung der Niederlassungsfreiheit jedoch gerade nicht die Verlegung nur des Satzungssitzes der Gesellschaft gefordert ist, würde eine diesbezügliche Kompetenz des Unionsgesetzgebers nicht mehr unter Art. 50 Abs. 2 lit. g) AEUV fallen.[509] Die Beschränkung nur auf eine gemeinsame Sitzverlegung würde ebenfalls der Entschließung des Europäischen Parlaments von 2009 entsprechen, wonach bei der grenzüberschreitenden Verlegung des Satzungssitzes die Umgehung rechtlicher und steuerlicher Bedingungen durch Briefkastengesellschaften verhindert werden soll.[510]

Wie beim Referentenentwurf zum Internationalen Privatrecht von Gesellschaften, Vereinen und juristischen Personen ist die Arbeitnehmermitbestimmung einer der Hauptgründe, weshalb die Mitgliedstaaten bislang ihre Zustimmung zum Erlass der Richtlinie verweigert haben.[511] Durch die ungehinderte Freiheit

---

505 *G. Roth* EuZW 2010, 607, 609, 611; *ders.* ZIP 2012, 1744; *Wohlrab* GPR 2012, 316, 317.

506 Im ursprünglichen Vorentwurf war in Art. 11 Abs. 2, mit Verweis auf Art. 7 S. 2 SE-VO, noch vorgesehen, dass die Mitgliedstaaten die Eintragung der Gesellschaft verweigern können, wenn sich deren Hauptverwaltung nicht im Mitgliedstaat des Sitzes befindet, siehe dazu *Schön* ZGR 2013, 333, 364.

507 *Mörsdorf/Jopen* ZIP 2012, 1398, 1399; *Böttcher/Kraft* NJW 2012, 1701, 1703.

508 *Grundmann*, Rn. 98.

509 *Mörsdorf/Jopen* ZIP 2012, 1398, 1399; *Böttcher/Kraft* NJW 2012, 1701, 1703; aufgrund dessen, dass durch Art. 50 Abs. 2 lit. g) AEUV neben der Etablierung von Schutzbestimmungen auch „marktintegrative Ziele“ erreicht werden können a.A. *Leible* in: FS G. Roth, 447, 456; wegen einer nicht bestehenden Bindung des Richtliniengebers an EuGH-Entscheidungen ebenfalls a.A. *Drygala* EuZW 2013, 569, 571.

510 Entschließung des Europäischen Parlaments vom 10.03.2009 mit Empfehlungen an die Kommission zur grenzüberschreitenden Verlegung von eingetragenen Gesellschaftssitzen, ABlEU v. 01.04.2010, C 87 E/6; ebenso *G. Roth*, S. 62; mit Blick auf die „Zerschlagung des Wettbewerbs der Systeme“ ablehnend hingegen *Schön* ZGR 2013, 333, 365; *Drygala* EuZW 2013, 569, 574.

511 *Grundmann*, Rn. 861 f.; *Lutter/Bayer/Schmidt*, § 32 Rn. 28, 30.

zur formwechselnden Verlegung des Satzungssitzes in einen anderen Mitgliedstaat wird befürchtet, dass nationale Regelungen zur Arbeitnehmermitbestimmung unterlaufen werden. Bislang enthält der Vorentwurf zur SitzverlegungsRL keine Vorschriften bzgl. der Beteiligung der Arbeitnehmer. Ein Verweis auf das entsprechende Verfahren bei den supranationalen Gesellschaftsformen ist ebenfalls nicht enthalten.[512] Eine diesbezügliche Regelung wäre gleichwohl angebracht.[513]

Der Erlass einer sekundärrechtlichen Regelung über die Verlegung des Satzungssitzes in einen anderen Mitgliedstaat unter formwechselnder Umwandlung muss dringend vorangetrieben werden.[514] Nur so kann eine einheitliche europäische Ausgestaltung über die Durchführung eines grenzüberschreitenden Rechtsformwechsels erreicht und damit Rechtsunsicherheit minimiert werden.[515]

512 *Lutter/Bayer/Schmidt*, § 32 Rn. 16; *v. Bismarck*, S. 279; *Grundmann*, Rn. 861.

513 *Otte/Rietschel* GmbHR 2009, 983, 988; *v. Bismarck*, S. 287; *European Added Value Assessment* 3/2012, S. 10 f.; *Erk* EBLR 2010, 413, 425; *Szydło* ECFR 2010, 414, 442; *Grundmann*, Rn. 867; *Schön* ZGR 2013, 333, 336 f.; *Hopt* EuZW 2013, 481, 482.

514 *Leible* in: FS G. Roth, 447, 451, 460; *Groß* in: Systembildung und Systemlücken, 189, 203; wohl auch *Fleckner* in: FS Hopt, 659, 682.

515 Vgl. zur Rechtangleichung im Binnenmarkt zur Überwindung von Rechtsunsicherheit *Groß* in: Systembildung und Systemlücken, 189, 201.

Teil 6 Ergebnisse

1. Der grenzüberschreitende Rechtsformwechsel entspricht einer identitätswahrenden Satzungssitzverlegung ins Ausland unter Wechsel des auf die Gesellschaft anwendbaren Gesellschaftsstatuts.[516]

2. Der formwechselnde Wegzug einer Gesellschaft in einen anderen EU-Mitgliedstaat ist zulässig. Dies ergibt sich aus dem obiter dictum des EuGH in der Rs. Cartesio.[517] Der Wegzugsstaat darf eine entsprechende Satzungssitzverlegung ins Ausland grundsätzlich nicht unterbinden.[518]

3. Der formwechselnde Zuzug einer Gesellschaft in einen anderen EU-Mitgliedstaat ist zulässig. Dies ergibt sich aus der EuGH-Entscheidung in der Rs. Vale.[519] Der Zuzugsstaat darf einer entsprechenden Satzungssitzverlegung grundsätzlich nicht die Eintragung in sein nationales Register verweigern.[520]

4. Ein grenzüberschreitender Rechtsformwechsel, bei dem lediglich der Satzungssitz ins Ausland verlegt werden soll, ist nicht vom Schutzbereich der Niederlassungsfreiheit erfasst. Sowohl der Wegzugs- als auch der Zuzugsstaat können einen entsprechenden Rechtsformwechsel verbieten.[521]

5. Damit ein grenzüberschreitender Rechtsformwechsel von der Niederlassungsfreiheit geschützt ist, muss sowohl der Satzungs- als auch der Verwaltungssitz verlegt werden.[522]

---

516 Siehe Teil 2. A. III.
517 Vgl. EuGH – Cartesio, Slg. 2008, I-9641, Rn. 111 f.
518 Siehe Teil 3. B. I. 1. II.
519 Vgl. EuGH – Vale, NJW 2012, 2715, Rn. 30 ff.
520 Siehe Teil 3. C. I. 1. II.
521 Siehe Teil 3. B. I. 2. C. I. 2.
522 Siehe Teil 3. B. I. 2. C. I. 2.

6. § 1 Abs. 1 UmwG ist europarechtskonform auszulegen, so dass ein grenzüberschreitender Rechtsformwechsel vom Anwendungsbereich des deutschen UmwG erfasst ist. Nur einer der an der grenzüberschreitenden Umwandlung beteiligten Rechtsträger muss seinen Satzungssitz in Deutschland haben.[523]

7. Die nach § 191 Abs. 1, 2 UmwG einbezogen Rechtsträger sind nicht auf nationale Gesellschaftsformen beschränkt, sondern erfassen auch deren ausländisches Pendant. § 191 UmwG ist diesbezüglich europarechtskonform auszulegen.[524]

8. § 4a GmbHG und § 5 AktG sind aufgrund der Zulässigkeit eines grenzüberschreitenden Rechtsformwechsels europarechtskonform teleologisch zu reduzieren. Der Beschluss über die Verlegung des Satzungssitzes ist nicht nichtig, sondern ist (bei gleichzeitiger Verwaltungssitzverlegung) ins Handelsregister einzutragen.[525]

9. Art. 8 SE-VO ist nicht analog auf einen grenzüberschreitenden Rechtsformwechsel anwendbar. Es liegt keine planwidrige Regelungslücke vor. Art. 8 SE-VO kann jedoch als Orientierungshilfe herangezogen werden.[526]

10. Die §§ 122a ff. UmwG können im Wege der Analogie konkreter Vorschriften entsprechend auf einen grenzüberschreitenden Rechtsformwechsel angewandt werden. Aufgrund der Bindung an höherrangiges EU-Recht liegt eine nachträglich-planwidrige Regelungslücke vor. Eine vergleichbare Interessenlage ist für jede Vorschrift der §§ 122a ff. UmwG gesondert nachzuweisen.[527]

---

523 Siehe Teil 3. D. I.
524 Siehe Teil 3. D. II.
525 Siehe Teil 3. D. III.
526 Siehe Teil 4. C. I. 2. b). cc).
527 Siehe Teil 4. C. II. 3.

11. Die §§ 192 ff. UmwG können im Wege der Analogie konkreter Vorschriften entsprechend auf einen grenzüberschreitenden Rechtsformwechsel angewandt werden. Eine vergleichbare Interessenlage ist für jede Vorschrift der §§ 190 ff. UmwG gesondert nachzuweisen.[528]

12. Die analoge Anwendung der §§ 122a ff. UmwG bzw. der §§ 192 ff. UmwG auf einen grenzüberschreitenden Rechtsformwechsel ist davon abhängig, ob beim entsprechenden Verfahrensabschnitt das Merkmal des Formwechsels oder das des Grenzübertritts überwiegt. Überwiegt das Merkmal des Formwechsels, sind die §§ 192 ff. UmwG heranzuziehen. Überwiegt der grenzüberschreitende Charakter, sind die Regelungen der §§ 122a ff. UmwG vorrangig.[529]

13. Trotz der Anwendung nationalen Umwandlungsrechts besteht bei einem grenzüberschreitenden Rechtsformwechsel ein hohes Maß an Rechtsunsicherheit. Es bedarf dringend eines einheitlichen europäischen Verfahrens mittels einer entsprechenden Sitzverlegungsrichtlinie.[530]

528 Siehe Teil 4. C. III. 3.
529 Siehe Teil 4. C. IV. 1. a).
530 Siehe Teil 5. B.

www.ingramcontent.com/pod-product-compliance
Ingram Content Group UK Ltd.
Pitfield, Milton Keynes, MK11 3LW, UK
UKHW021902290926
8980IPUK00015B/1005